Prüfungsfragen und Antworten aus Wirtschafts- und Sozialkunde

Bernd Degen
Anton Seidl

8. Auflage

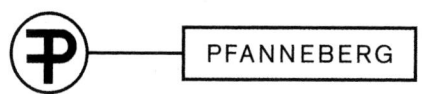

PFANNEBERG

Best.-Nr.: 04364

Autoren:

Bernd Degen, Schwarzgrub
Küchenmeister, Hotelmeister, Serviermeister und
Fachlehrer i.R.

Anton Seidl, Kammersdorf
Diplom-Handelslehrer, OStR

8. Auflage 2010
Druck 5 4 3 2 1
Alle Drucke derselben Auflage sind parallel einsetzbar, da sie bis
auf die Behebung von Druckfehlern untereinander unverändert
sind.

ISBN 978-3-8057-0641-4

© 2010 by Fachbuchverlag Pfanneberg GmbH & Co. KG,
42781 Haan-Gruiten
http://www.pfanneberg.de
Satz ab 6. Auflage: Tutte Druckerei GmbH, 94121 Salzweg/Passau
Druck: Media-Print Informationstechnologie, 33100 Paderborn

Vorwort

„Prüfungsfragen und Antworten aus Wirtschafts- und Sozialkunde" wendet sich in erster Linie an Auszubildende der Berufe Koch/Köchin, Fachkraft im Gastgewerbe, Restaurantfachmann/-frau, Hotelfachmann/-frau, Systemgastronom/-in und Hotelkaufmann/-frau.

Das Buch dient der Vorbereitung auf Zwischen- und Abschlussprüfungen, in denen Fragen zur Wirtschafts- und Sozialkunde prüfungsrelevant sind. Es soll keine Lehrbücher ersetzen, sondern Erlerntes in Erinnerung bringen und das Wissen abrunden, um so Prüfungssicherheit zu gewinnen.

Alle Fragen und Antworten sind auf die schulischen Lehrpläne und die Verordnung über die Berufsausbildung im Gastgewerbe abgestimmt und schulisch erprobt. Das Buch eignet sich auch für die Prüfungsvorbereitungen zu den Meisterprüfungen für die Berufe des Gastgewerbes (als Ergänzung zu den Büchern „Hotel-/Restaurantmeisterprüfung" und „Küchenmeisterprüfung").

Die vorliegende 8. Auflage wurde aktualisiert, Gesetzesänderungen wurden berücksichtigt.

Niemand ist perfekt: Für Anregungen, Hinweise und Kritik sind Autoren und Verlag dankbar.

Im Frühjahr 2010   *Bernd Degen, Anton Seidl*

Inhaltsverzeichnis

A Wirtschaftliche und rechtliche Grundfragen

I. Betrieb

Aufbau, Aufgaben und Ziele eines Betriebes

Was verstehen Sie unter einem Betrieb?	Unter einem Betrieb versteht man eine planvoll organisierte technische Wirtschaftseinheit. Hier werden die Produktionsfaktoren Boden, Arbeit und Kapital so aufeinander abgestimmt, dass Sachgüter her- und Dienstleistungen bereitgestellt werden können. Die Abstimmung hat so zu erfolgen, dass sich das günstigste Verhältnis von Ertrag und Aufwand ergibt.
Wann spricht man von einem Unternehmen?	Unternehmen sind rechtliche, wirtschaftliche und soziale Einheiten, in denen Waren bzw. Dienstleistungen produziert und/oder abgesetzt werden. Ein Unternehmen kann mehrere Betriebe umfassen.
Erklären Sie den Begriff Unternehmer!	Unternehmer ist jeder, der sich selbständig und auf unbegrenzte Zeit am Wirtschaftsleben beteiligt in der Absicht, einen angemessenen oder größtmöglichen (maximalen) Gewinn zu erzielen.
Welche Eigenschaften sollte Ihrer Meinung nach ein Unternehmer aufweisen, der ein Unternehmen gründen und leiten will?	Betriebswirtschaftliche, rechtliche und steuerliche Kenntnisse; Fachkenntnisse; Menschenkenntnisse; Mut zum Risiko; Entschlussfähigkeit; Durchhaltevermögen; realistische Urteilskraft; Gefühl für künftige Entwicklungen.

Welche Funktionen muss jemand ausüben, um als Unternehmer zu gelten?	Aufbringen des Kapitals, Risiko-übernahme, Leitung des Unternehmens.
Welche Arten von Betrieben – nach Wirtschaftszweigen – unterscheidet man? Geben Sie auch Beispiele an!	Man unterscheidet: – Herstellungs- und Weiterverarbeitungsbetriebe (Handwerk und Industrie) – Handelsbetriebe (Einzel-, Groß- und Außenhandel) – Dienstleistungsbetriebe (z. B. Banken, Versicherungsgesellschaften, Speditionen, verkehrs- und gastgewerbliche Betriebe)
Welche betrieblichen Funktionen sind zu organisieren, damit die Aufgaben eines Betriebes erfüllt werden?	Es sind die Funktionen Beschaffung, Lagerung, Produktion, Absatz sowie Leitung und Verwaltung zu organisieren.
Erklären Sie die folgenden Funktionen näher:	
– Beschaffung	Bedarfsermittlung, Bezugsquellenermittlung, Angebote einholen und vergleichen, Bestellung, Herbeischaffung, Einkaufsstatistik, Überwachung der Liefertermine, Kontrolle der Eingangsrechnungen.
– Lagerung	Lagerräume, Warenannahme, Prüfung nach Art, Menge und Zustand der Ware, Lagerfähigkeit, Bestandskontrollen, Haltbarkeit, Lagerbuchhaltung, Inventur.
– Produktion	Erprobung, Vorbereitung, Durchführung, Kontrolle, Wartung der Anlagen und Geräte.
– Absatz	Markterkundung, Absatzplanung, Werbung, Angebote, Anfragen erledigen, Auftragsbearbeitung, Auftragsabwicklung.

Fortsetzung von Seite 8

– Leitung und Verwaltung	Treffen von Entscheidungen über Beschaffung, Lagerung, Produktion und Absatz, Abschluss von Verträgen, Rechnungswesen, Steuerwesen, Statistik, Finanzierung, Zukunftsplanung
Welche Ziele verfolgen erwerbswirtschaftliche Betriebe?	Diese Betriebe bzw. deren Inhaber, wollen einen angemessenen oder maximalen Gewinn erzielen sowie den Markt mit Gütern und Dienstleistungen versorgen.
Welche Ziele haben gemeinwirtschaftliche bzw. öffentliche Betriebe?	Für bestimmte öffentliche Betriebe gilt das Prinzip der Sozialbindung, d. h., die Leistungs- und Preisgestaltung dieser Betriebe richtet sich nach sozialen Erwägungen. Kostendeckung wird meist nicht erreicht (z. B. Museum, Theater, Krankenhaus). Für andere öffentliche Betriebe gilt das Prinzip der Kostendeckung, z. B. Bundesbahn, Bundespost, Verkehrs-, Energie- oder Wasserversorgungsbetriebe.
Was verstehen Sie unter Produktivität?	Darunter versteht man die Ergiebigkeit einer wirtschaftlichen Tätigkeit.
Ermitteln Sie die Arbeitsproduktivität aufgrund folgender Angaben: Ein Ausflugsrestaurant verkaufte an einem Tag 1000 Hauptgerichte. Es beschäftigt 5 Köche, jeder Koch arbeitete 8 Stunden.	$P = \dfrac{1000 \text{ Hauptgerichte}}{40 \text{ Arbeitsstunden}} = 25$

Wie wird die Arbeitsproduktivität ermittelt?	P = Erzeugte Menge : Arbeitseinsatz
Welche Bedeutung haben Produktivitätskennzahlen?	Produktivitätskennzahlen dienen inner- und zwischenbetrieblichen Vergleichen.
Was versteht man unter Wirtschaftlichkeit?	Unter Wirtschaftlichkeit versteht man das Verhältnis von Ertrag (Leistung) zum Aufwand (Kosten).

Berechnen Sie die Wirtschaftlichkeit unter Zugrundelegung folgender Angaben: Ein Restaurant verkaufte in einem Monat Speisen und Getränke im Wert von 50 000,– €. An Material-, Lohn- und anderen Kosten hatte es 40 000,– €.

$$\text{Wirtschaft-} \atop \text{lichkeit} = \frac{\text{Ertrag}}{\text{Aufwand}}$$

$$= \frac{50\,000,-}{40\,000,-} = 1,25$$

Welche Bedeutungen haben Wirtschaftlichkeitsberechnungen?	Sie dienen der Leistungs- und Kostenkontrolle im inner- und zwischenbetrieblichen Vergleich.
Welche Arten der Rentabilität kann man unterscheiden?	Eigenkapitalrentabilität (= Unternehmerrentabilität), Gesamtkapitalrentabilität (= Unternehmungsrentabilität), Umsatzrentabilität.

Berechnen Sie die Eigenkapital- und Gesamtkapitalrentabilität aufgrund folgender Angaben: Eigenkapital 400 000,– €; Fremdkapital 200 000,– €; Reingewinn 54 000,– €; Fremdkapitalzinsen 6 000,– €

Eigenkapitalrentabilität:

$$\frac{54\,000}{400\,000} \times 100 = 13,5\,\%$$

Gesamtkapitalrentabilität:

$$\frac{54\,000 + 6\,000}{600\,000} \times 100 = 10\,\%$$

Was versteht man unter Rentabilität?	Unter Rentabilität versteht man die Verzinsung eines Kapitals innerhalb eines bestimmten Zeitabschnittes.
Wozu dienen diese Kennzahlen?	Sie dienen der Kontrolle der Betriebsleistung.
Welche Haupt- und welche Nebenleistungen erbringen gastgewerbliche Betriebe?	Hauptleistungen: Bewirtung/Verpflegung, Beherbergung. Nebenleistungen: Unterhaltung, Möglichkeiten sportlicher Betätigung, gesundheitsfördernde Einrichtungen, Verkaufsläden, Serviceleistungen, Vermittlungen.
In welche Hauptabteilungen sind gastgewerbliche Betriebe organisiert?	Einkauf, Produktion/Leistungserstellung, Verkauf/Absatz, Verwaltung/Leitung.
Betriebsinhaber können Aufgaben an Mitarbeiter abgeben. Nennen Sie die beiden gesetzlich geregelten Vertretungsformen.	Handlungsvollmacht Prokura
Welche Personen in einem Unternehmen können Handlungsvollmacht erteilen?	Betriebsinhaber bzw. Vorstand, Prokurist, Bevollmächtigter.
Nennen und erklären Sie die Arten der Handlungsvollmacht! Geben Sie jeweils ein Beispiel an!	Einzelvollmacht: Erstreckt sich auf die einmalige Ausübung einer Tätigkeit, z.B. Geld zur Bank bringen. Artvollmacht: Erstreckt sich auf die dauernde Vornahme von genau bestimmten Tätigkeiten, z. B. Gäste bedienen und abkassieren, Beherbergungsverträge abschließen. Generalvollmacht: Erstreckt sich auf alle gewöhnlichen Rechtshandlungen, die der Betrieb dieses

Fortsetzung von Seite 11 Gewerbes mit sich bringt, z. B. Personal ein-/ausstellen, Zahlungen abwickeln.

Welche Art von Handlungsvollmacht ist in den folgenden Fällen nötig? – **Regelmäßiger Einkauf von Fleisch** – **Azubi soll Briefmarken holen** – **Leitung eines eigenständigen Zweitbetriebes**	Artenvollmacht Einzelvollmacht Generalvollmacht
Welche Art von Vollmacht besitzt eine Restaurantfachfrau?	Artvollmacht
Wer kann Prokura erteilen?	Die Prokura kann nur vom Inhaber eines Handelsgeschäftes oder seinem gesetzlichen Vertreter erteilt werden.
Wann gilt eine Prokura rechtlich als erteilt?	Die Prokura muss durch eine ausdrückliche Erklärung erteilt und in das Handelsregister eingetragen werden.
Zu welchen Rechtshandlungen ist ein Prokurist berechtigt?	Er ist berechtigt, alle gerichtlichen und außergerichtlichen Geschäfte und Rechtshandlungen vorzunehmen, die der Betrieb (irgend-)eines Handelsgewerbes mit sich bringt.
Unterscheiden Sie die Arten der Prokura!	**Einzelprokura:** Rechtsgeschäfte können vom Prokuristen allein abgeschlossen werden. **Gesamtprokura:** Zwei oder mehrere Prokuristen können Rechtsgeschäfte nur gemeinsam abschließen. **Filialprokura:** Die Prokura erstreckt sich nur auf den Bereich der Filiale/Zweitbetriebes.

Erklären Sie die Einschränkungen der Prokura im Innen- und Außenverhältnis!	**Innenverhältnis:** Vertragliche Einschränkungen sind möglich; bei Verletzung kann der Prokurist zum Schadenersatz herangezogen werden. **Außenverhältnis:** Vertragliche Einschränkungen haben keine Gültigkeit für Dritte (außer diese wissen davon, z. B. Bank, Lieferant).
Nennen Sie Rechtshandlungen, zu denen der Prokurist in keinem Fall berechtigt ist!	Verkauf oder Stilllegung des Unternehmens Unterschrift von Inventar, Bilanz und Steuererklärungen des Kaufmannes Eidleistung für den Kaufmann Erteilung einer Prokura Insolvenzanmeldung Aufnahme von Gesellschaftern
Welche Gründe führen zum Erlöschen der Prokura?	Widerruf Tod des Prokuristen Beendigung des Arbeitsverhältnisses Auflösung des Unternehmens

Unternehmensformen

Wie werden die Unternehmen hinsichtlich ihrer Rechtsformen unterschieden?	Einzelunternehmen, Personengesellschaften, Kapitalgesellschaften, Genossenschaften.
Nennen Sie besondere Vorteile des Einzelunternehmens!	Der Unternehmer kann allein, frei und schnell Entscheidungen treffen, Meinungsverschiedenheiten können also nicht auftreten; der erwirtschaftete Gewinn gehört dem Unternehmer alleine; dieser kann eigene Ideen verwirklichen und braucht keine besonderen Gründungsformalitäten zu berücksichtigen.

Welche Nachteile bringt die Einzelunternehmung mit sich?	Der Unternehmer trägt das alleinige Risiko, er haftet mit seinem ganzen geschäftlichen und privaten Vermögen, seine Kapitalbeschaffungsmöglichkeiten sind begrenzt.
Welche Gründe können Ihrer Meinung nach dafür sprechen, einen Betrieb statt als Einzel- in Form einer Gesellschaftsunternehmung zu betreiben?	Größere Gewinnmöglichkeit, Verbreiterung der Kreditbasis, Risikostreuung und/oder -begrenzung, Gewinnung von Fachleuten, Beteiligung der Arbeitnehmer, steuerliche Gründe, persönliche Gründe (z. B. Alter, Krankheit, Beteiligung von Familienmitgliedern).
Welche Personengesellschaften kennen Sie?	OHG = Offene Handelsgesellschaft KG = Kommanditgesellschaft BGB-Gesellschaft/G. d.(b)R. = Gesellschaft bürgerlichen Rechts GmbH & Co. KG bzw. OHG Stille Gesellschaft
Welche Pflichten haben die OHG-Gesellschafter?	Kapitaleinlage, Geschäftsführung und Vertretung, Haftung, Treuepflicht, Wettbewerbsverbot.
Welche Haftungsgrundsätze gelten für die Gesellschafter einer OHG?	Sie haften alle unbeschränkt, unmittelbar und solidarisch.
Erklären Sie diese Haftungsgrundsätze! **– unbeschränkt**	Die Haftung ist an keine Höchstsumme gebunden. Jeder Gesellschafter haftet mit seiner Kapitaleinlage und mit seinem gesamten Privatvermögen.
– unmittelbar	Jeder Gesellschaftsgläubiger kann jeden Gesellschafter unmittelbar in Anspruch nehmen.
– solidarisch	Jeder Gesellschafter haftet für die anderen mit.

Was bedeutet Wettbewerbsverbot?	Ein Gesellschafter darf ohne Einwilligung der anderen Gesellschafter kein gleichartiges Handelsgewerbe betreiben. Auch darf er nicht an einer anderen gleichartigen Handelsgesellschaft als persönlich haftender Gesellschafter beteiligt sein.
Nennen Sie die Haftung von neu eintretenden OHG-Gesellschaftern!	Der neue Gesellschafter haftet sofort auch für die vor seinem Eintritt entstandenen Verbindlichkeiten.
Welche Rechte haben die OHG-Gesellschafter?	Geschäftsführung und Vertretung, Privatentnahmen (bis 4 % des Kapitalanteils), Gewinnanteil (4 % des Kapitalanteils, Rest nach Köpfen), Kündigung (6 Monate zum Geschäftsjahresende).
Was würden Sie einem neu eintretenden OHG-Gesellschafter raten?	Er soll sich vorher genau über die wirtschaftlichen Verhältnisse der betreffenden Gesellschaft informieren.
Wie ist die Haftung für den ausscheidenden OHG-Gesellschafter gesetzlich geregelt?	Der ausscheidende Gesellschafter haftet noch 5 Jahre für alle vor seinem Ausscheiden begründeten Verbindlichkeiten.
Welche Bedeutung hat Ihrer Meinung nach die OHG?	Die OHG bietet sich für die Zusammenarbeit qualifizierter Fachkräfte an. Starke Verbundenheit und gegenseitiges Vertrauen der Gesellschafter sind Voraussetzungen. Da es keine Mindestkapitalvorschriften gibt, kann sie schon mit relativ geringen Kapitaleinlagen gegründet werden. Aufgrund der weitestgehenden Haftung ist sie besonders kreditwürdig.

Die KG ist gekennzeichnet durch 2 Arten von Gesellschaftern. Wie werden diese genannt?	Vollhafter = Komplementär Teilhafter = Kommanditist
Welche Rechte hat der Teilhafter?	Recht auf Information (z. B. Bilanzeinsicht), Widerspruchsrecht bei außergewöhnlichen Geschäften, Gewinnanteilsrecht (4 % der Kapitaleinlage vorab, Rest in angemessenem Verhältnis), Kündigungsrecht.
Welche Pflichten hat der Teilhafter?	Kapitaleinlage, Verlustbeteiligung (in angemessenem Verhältnis), Haftung (bis zur Höhe der Kapitaleinlage)
Welche Vorteile bietet die KG gegenüber der OHG?	Es kann zusätzliches Eigenkapital aufgenommen werden oder Kapital z.B. auf Familienangehörige übertragen werden, ohne dass dem Gesellschafter Einfluss auf die Leistung der Unternehmung gewährt wird. Teilhafter sind leichter zu gewinnen als Vollhafter.
Warum bezeichnet man bestimmte Gesellschaften als Personengesellschaften?	Hier steht die Person des Gesellschafters im Vordergrund (siehe OHG), ein Gesellschafterwechsel ist nicht ohne weiteres möglich.
Welche Kapitalgesellschaften sind Ihnen bekannt?	AG = Aktiengesellschaft GmbH = Gesellschaft mit beschränkter Haftung KGaA = Kommanditgesellschaft auf Aktien
Wodurch sind Kapitalgesellschaften gekennzeichnet?	Im Vordergrund steht hier die Kapitalbeteiligung und nicht die Person des Gesellschafters. Ein Gesellschafterwechsel berührt nicht den Bestand der Gesellschaft.

Welches sind die Organe der AG?	Vorstand, Aufsichtsrat, Hauptversammlung.
Welche Rechte hat die Hauptversammlung?	Entlastung des Vorstands und des Aufsichtsrats, Verabschiedung des Jahresabschlusses, Vornahme der Gewinnverteilung, Beschlussfassung über weitreichende Entscheidungen, z. B. Kapitalerhöhung, Wahl von Aufsichtsratsmitgliedern.
Welche Aufgaben und Pflichten hat der Aufsichtsrat?	Bestellung des Vorstandes, Überwachung der Geschäfte des Vorstandes, Prüfung der Jahresrechnung, Berichterstattung in der Hauptversammlung, Sorgfaltspflicht, Einberufung außerordentlicher Hauptversammlungen.
Welche Rechte hat der Aktionär?	Anspruch auf Gewinnanteil (Dividende), Stimmrecht und Auskunftsrecht in der Hauptversammlung, Bezugsrecht bei der Ausgabe neuer Aktien, Recht auf Anteil bei Veräußerung des Unternehmens.
Was versteht man unter dem so genannten Kurs einer Aktie?	Unter dem Kurs einer Aktie versteht man den Marktwert der Aktie, der an der Börse durch Angebot und Nachfrage ermittelt wird. Zu diesem Preis werden die Aktien gehandelt (gekauft bzw. verkauft).
Erklären Sie folgende Begriffe aus dem Börsen-ABC:	
– Aktie	Anteilschein am Grundkapital einer Aktiengesellschaft.
– Aktionär	Inhaber von Aktien; hat als Teilhaber am Unternehmen bestimmte Rechte, z.B. Stimmrecht in der Hauptversammlung, Bezugsrecht

Fortsetzung von Seite 17

	bei der Ausgabe neuer/junger Aktien, Dividende bei Gewinnausschüttung.
Börse	Handelsort für Aktien und andere Wertpapiere (auch Waren); in Deutschland gibt es in 8 Städten Börsen.
DAX	Deutscher Aktien-Index (30 Aktien der wichtigsten Unternehmen wesentlicher Branchen; statistischer Messwert, mit dem die Kursentwicklung der jeweiligen Aktien ausgedrückt wird.
Nennwert	Betrag, der auf der Aktie aufgedruckt ist (Mindestnennwert ist 1 Euro); jetzt gibt es immer mehr nennwertlose Aktien.
Kurswert	Wert, zu dem die Aktie an der Börse gehandelt wird; Einflussfaktoren sind z. B. Gewinnaussichten des Unternehmens, Umsatzerwartungen, Weltpolitik.
Dividende	Gewinn(anteil), der je Aktie an den Aktionär ausgeschüttet wird.
Blue Chips	Amerikanische Bezeichnung für „Qualitätsaktien" großer Unternehmen, z.B. VW, BMW, Daimler Crysler, Microsoft, Telekom, BASF.
Hausse	Steiler Kursanstieg innerhalb kürzester Zeit, z. B. einer Aktie, einer Branche, des gesamten Marktes.
Baisse	Steiler Kursfall innerhalb kürzester Zeit.
Emission	Ausgabe von jungen/neuen Aktien an die Käufer an der Börse, meist mit Hilfe einer oder mehrerer Banken (Erhöhung des Grundkapitals der AG).
Wall Street	Kurzbezeichnung für die (wichtigste) amerikanische Börse (Straße in New York)

Welches sind die Organe der GmbH?	Geschäftsführer, Aufsichtsrat, Gesellschafterversammlung (ab 500 Beschäftigten).
Nennen Sie die Gründungsmerkmale der GmbH!	– GmbH kann zu jedem zulässigen Zweck gegründet werden. – Mind. 2 Personen bringen mind. 25 000 € Stammkapital auf, je Gesellschafter mind. 100 €. – „Ein-Personen-GmbH": Stammeinlage mind. 12 500 €. – „Ein-Euro-GmbH": Unternehmensgesellschaft haftungsbeschränkt (Uh; 1/4 des Gewinns bleibt im Unternehmen, bis 25 000 € eingezahlt sind. – Gesellschaftsvertrag muss notariell beurkundet werden. – GmbH muss ins Handelsregister eingetragen werden, Firmenname: Zusatz „GmbH". – Bis 3 Gesellschafter: nur noch Mustersatzung für Handelsregistereintrag.
Wie ist die Haftung der GmbH geregelt?	Die Haftung umfasst nur das Gesellschaftsvermögen.
Welche Bedeutung hat Ihrer Meinung nach die GmbH?	Bewegliche Unternehmensführung wie OHG, Beschränkung der Haftung wie AG. Beliebt als Zusammenfassung mehrerer Unternehmer (Dachgesellschaft) oder bei Familiengesellschaften. Leichter und mit weniger Kapital zu gründen als eine AG. Beliebteste Rechtsform auch wegen Steuervorteilen bei hohen Gewinnen. Dem steht gegenüber, dass sie meist eine geringe Kapitalbasis hat und ihre Kreditwürdigkeit (siehe Haftung) eingeschränkt ist.

Nennen Sie die Organe der Genossenschaft!	Vorstand (mind. 2 Personen), Aufsichtsrat (mind. 3 Personen), General-, Mitglieder- oder Vertreterversammlung.
Welche Pflichten haben die Mitglieder einer Genossenschaft?	Mindesteinlage auf den Geschäftsanteil, Haftpflicht (u. U. Nachschusspflicht) bei Verlusten.
Welche Rechte haben Genossenschaftsmitglieder?	Alle Mitglieder sind gleichberechtigt, d. h. Stimmrecht nach Köpfen; Gewinnbeteiligung; Kündigung.
Nennen Sie wichtige Genossenschaftsarten!	Einkaufs-, Absatz-, Kreditgenossenschaften, landwirtschaftliche Betriebsgenossenschaften.
Welche Ziele verfolgen Genossenschaften?	Ziele sind die Förderung und Sicherung des Erwerbs oder der Wirtschaft ihrer Mitglieder mittels gemeinschaftlichen Geschäftsbetriebes. Im ursprünglichen Sinne haben sich also die Mitglieder zum Zwecke der Selbsthilfe zusammengeschlossen, um sich so gewisse Vorteile eines Großbetriebes zu Nutze zu machen.
Beschreiben Sie den Begriff Kreditwürdigkeit/Bonität!	Darunter sind die vom Kreditnehmer erwarteten Eigenschaften und Fähigkeiten zu verstehen, die eine Kreditvergabe als wirtschaftlich vertretbar erscheinen lassen. D. h. der Kreditnehmer wird Zinsen und Tilgung zu jedem Zeitpunkt und in vollem Umfang nachkommen können, weil er entsprechende Sicherheiten bieten kann, z. B. Immobilien, Umsatz- und Gewinnzahlen.

Fortsetzung von Seite 20	Bürgschaften, Wertpapiere oder Edelmetalle.
Welche persönlichen Voraussetzungen soll jemand mitbringen, wenn er ein Unternehmen gründen will?	Teamfähigkeit, Kompromissbereitschaft, Offenheit, körperlich und seelisch belastbar, Risikobereitschaft, Kreativität, Menschenkenntnis, Durchsetzungsvermögen.
Welche Fragen zur fachlichen Eignung sollte man sich stellen?	Ausbildung in einem gastgewerblichen Beruf, Meisterprüfung, Spezialkurse, Branchenkenntnisse, Berufserfahrung, unternehmerisches Denken und Handeln, soziale Kompetenz, EDV-Fremdsprachen-Kenntnisse?
Wer ist gemäß HGB (= Handelsgesetzbuch) Kaufmann?	Kaufmann ist derjenige, der ein Handelsgewerbe betreibt. Handelsgewerbe ist jeder Gewerbebetrieb, es sei denn, dass das Unternehmen nach Art und Umfang einen in kaufmännischer Weise eingerichteten Geschäftsbetrieb nicht erfordert. Der Geltungsbereich des HGB erstreckt sich auch auf Dienstleistungsunternehmen und Handwerksbetriebe.
Kann sich auch ein sog. „Klein"-Gewerbetreibender in das Handelsregister eintragen lassen?	Ja, eine Eintragung in das Handelsregister kann auf Antrag unabhängig von der Größe des Betriebes herbeigeführt werden. Ein gewerbliches Unternehmen gilt dann als Handelsgewerbe im Sinne des HGB.
Was versteht man unter dem Begriff „Firma"?	Firma ist der Geschäftsname eines Kaufmanns, unter dem er seine Geschäfte betreibt und unterschreibt, z. B. Erwin Kraft, Hotel „Sonnenberg", e. K., Waldhaus.

Welchen Firmennamen können sich Gewerbetreibende zulegen?	Für alle Unternehmungsformen (Rechtsformen) gilt, dass der Gewerbetreibende nach seiner Wahl eine aus dem Namen des Inhabers oder eines oder mehrerer Gesellschafter gebildete Personenfirma, eine dem Gegenstand des Unternehmens entlehnte Sachfirma, eine reine Phantasiefirma oder eine Mischform aus den aufgezeigten Varianten in das Handelsregister eintragen lassen kann. Eine Firmenbezeichnung muss zur Kennzeichnung des Kaufmanns Unterscheidungskraft besitzen, darf nicht irreführen oder gar täuschen. Die Firmenbezeichnung muss stets einen eindeutigen Rechtsformzusatz enthalten, z. B. „e. K." oder „e.Kfm.", G.d.b.R., OHG, KG, GmbH ....
Welche Regelung gilt für die Angabe auf Geschäftsbriefen?	Jedes im HR eingetragene Unternehmen ist verpflichtet, auf allen Geschäftsbriefen unter Angabe der Nummer, unter der das Unternehmen in das HR eingetragen ist, und des zuständigen Registergerichtes die wesentlichen Informationen über die Gesellschafts- und Haftungsverhältnisse offenzulegen.
Was ist das Handelsregister?	Das Handelsregister ist ein öffentliches Verzeichnis aller Kaufleute.
Wo wird das Handelsregister geführt?	Beim Amtsgericht (Registergericht).
Das Handelsregister gliedert sich in die Abteilungen A und B. Welche Unternehmen werden in der jeweiligen Abteilung verzeichnet?	Abteilung A: Einzelunternehmer, Personengesellschaften Abteilung B: Kapitalgesellschaften Genossenschaften werden in einem speziellen Genossenschaftsregister geführt.

II. Zahlungsverkehr

Grundlagen des Zahlungsverkehrs

Welche Zahlungsarten werden unterschieden?	Bargeldzahlung (Barzahlung), halbbare Zahlung, bargeldlose Zahlung.
Welche Funktion hat das Geld?	Es ist Tauschmittel, Wertmaßstab, Wertaufbewahrungsmittel, Wertübertragungsmittel.
Welche Arten des Geldes kennen Sie?	Metallgeld (Kurant- und Scheidemünzen), Papiergeld (Banknoten), Buchgeld (Giralgeld).
Welche Möglichkeiten der Bargeldzahlung kennen Sie?	Direkte Zahlung, Zahlung durch Boten und durch Wertbrief.
Worauf sollte der Zahler bei der Bargeldzahlung besonders achten?	Er sollte sich, um sich spätere Unannehmlichkeiten zu ersparen, einen Zahlungsbeleg (= Quittung) geben lassen.
Welche Bestandteile muss eine Quittung aufweisen?	Betrag in Zahlen und Worten, Name des Zahlers, Grund der Zahlung, Empfangsbestätigung, Ort und Datum, Unterschrift des Empfängers.
Welche Nachteile bringt die Bargeldzahlung für den Schuldner mit sich?	Sie ist zeitraubend und unbequem; durch die Gefahr des Verlierens unsicher; bedingt durch die hohen Postgebühren teuer.
Welche Möglichkeiten der halbbaren Zahlung sind Ihnen bekannt?	Barscheck, Zahlschein.
Wann kann halbbar bezahlt werden?	Wenn einer, Zahler oder Empfänger, über ein Konto verfügt.

Wann verwendet man einen Zahlschein?	Bei der Bareinzahlung bei Banken, Sparkassen und der Postbank. Der Geldbetrag wird dem Empfänger auf dessen Konto gutgeschrieben.
Um welche Zahlungsweise handelt es sich, wenn das Konto des Zahlers belastet wird und der Empfänger Bargeld bekommt?	Es handelt sich um die Zahlung mit einem Barscheck.
Bei welcher Zahlungsart wird dem Empfänger das Geld bar ausgezahlt?	Barscheck.
Welche Möglichkeiten der bargeldlosen Zahlung kennen Sie?	Die Zahlung mit Verrechnungsscheck, Überweisung, Wechsel (als Rimesse verwendet), Kreditkarte, Reisescheck, Electronic-Cash.
Ein Gast, der selbst kein Bankkonto hat, will die Rechnung eines Hoteliers durch Zahlung auf dessen Bankkonto ausgleichen. Welches Formular muss er verwenden?	Den Zahlschein.
Welche Voraussetzungen müssen gegeben sein, um bargeldlos bezahlen zu können?	Zahler und Empfänger müssen über ein Konto bei einem Geldinstitut verfügen. Zwischen den Geldinstituten muss eine Verrechnungsmöglichkeit bestehen.
Wofür eignet sich das Girokonto?	Das Girokonto eignet sich besonders für den bargeldlosen Zahlungsverkehr (Ein- und Auszahlungen).
Welche Vorteile hat die bargeldlose Zahlung?	Sie ist rationell, sicher, schnell und kostensparend.

Worduch wird der Scheck zum Verrechnungsscheck?	Der Aussteller oder ein späterer Inhaber des Schecks schreibt quer über dessen Vorderseite die Worte „nur zur Verrechnung" oder zwei parallel verlaufende Striche quer über den Scheck oder die Abkürzung „n. z. V.".
Welchen Vorteil bietet der Verrechnungsscheck?	Der Verrechnungsscheck darf vom bezogenen Kreditinstitut nur durch Gutschrift auf einem Konto eingelöst werden. Man kann also genau feststellen, wer den Betrag bekommen hat.
Nennen Sie 6 gesetzliche Bestandteile des Schecks!	Das bezogene Kreditinstitut, der Zahlungsort, das Wort „Scheck" im Text der Urkunde, den Betrag, Ort und Tag der Ausstellung, Unterschrift des Ausstellers
Welche gesetzliche Vorlegungsfrist gilt für Schecks, die im Inland zahlbar sind und ausgestellt wurden?	Bis 8 Tage nach der Ausstellung. Das bezogene Geldinstitut ist später nicht mehr verpflichtet, den Scheck einzulösen.
Welche Eintragungen muss der Zahler auf einem Überweisungsformular vornehmen?	Name und Anschrift des Empfängers, Bankleitzahl, Kontonummer und Bankverbindung des Empfängers, Verwendungszweck, Überweisungsbetrag, Kontonummer, Name und Anschrift des Auftraggebers, Datum und Unterschrift.
Welche besonderen Arten von Überweisungen kennen Sie?	Sammelüberweisungsauftrag, beschleunigte Überweisung, Dauerüberweisungsauftrag und Lastschriftverfahren.
Beschreiben Sie das Lastschriftverfahren!	Der Schuldner ermächtigt seinen Gläubiger eine Geldbetragsforderung bei Fälligkeit von seinem

Fortsetzung von Seite 25

Konto abrufen zu lassen. Dies ist vor allem bei regelmäßigen Zahlungen über unterschiedlich hohe Beträge sinnvoll, z. B. Gebühren für Telefon, Gas, Wasser, Kanal, Strom, aber auch Vereinsbeiträge u. ä.

Beschreiben Sie die beiden Arten der Lastschrift und geben Sie Beispiele!	**Einzugsermächtigung:** Der Schuldner ermächtigt den Gläubiger, bei Fälligkeit der Schuld, diese von seinem Konto einzuziehen. Beispiele: Beitragszahlungen, Versicherungsprämien, Gebühren, Zins- und Tilgungszahlungen. **Abbuchungsauftrag:** Der Schuldner erteilt seiner Bank den Auftrag, bestimmte Geldbeträge von seinem Konto abzubuchen und dem Konto des Gläubigers zu überweisen. Beispiele: Forderungen bestimmter Lieferanten.
Nennen Sie Zahlungen, für die sich der Dauerauftrag anbietet!	Miete, Pacht, Leasing, Versicherungsbeiträge, Sparbeiträge, Raten.
Wie erfolgt die Zahlung per Dauerauftrag?	Der Schuldner erteilt seiner Bank den Auftrag (schriftlich), zu jeweils festen Terminen stets gleich bleibende Beträge an den Zahlungsempfänger zu überweisen.
Wie schützt sich ein Kaufmann zweckmäßig davor, dass ein von ihm ausgestellter Scheck von einem Nichtberechtigten bar eingelöst wird?	Er stellt den Scheck mit dem Vermerk „nur zur Verrechnung" aus.
Was ist ein Voucher?	Der Beleg (Gutschein) eines Reiseunternehmens über die Bezahlung der Hotelkosten.

Wie ist die internationale Bezeichnung des Reiseschecks!	Traveller Cheque.
Erläutern Sie die Handhabung, Gültigkeit und Wirksamkeit von Reiseschecks!	Man bekommt Reiseschecks bei allen Banken und Sparkassen in bestimmten Stückelungen und in den „großen" Weltwährungen (Euro, $, Britisches Pfund), die Kaufgebühr beträgt ca. 1 %. Der Käufer unterschreibt auf dem Scheck beim Kauf, dieser ist „unbegrenzt" gültig, die bezogene Bank garantiert die Einlösung und der Scheck ist weltweit als Zahlungsmittel verwendbar, Ersatz bei Verlust.
Was müssen Sie bei der Entgegennahme eines Reiseschecks/ Travellers Cheques unbedingt beachten?	Der Zahler/Gast muss vor den Augen des Empfängers ein zweites Mal auf dem Scheck unterschreiben (Kontrollunterschrift). Man sollte sich auch noch den Pass zeigen lassen.
Nennen Sie die bedeutendsten Kreditkarten-Clubs!	American Express, Diners Club, VISA, Master Card.
Wie heißt der Betrag, den das KK-Unternehmen dem Rechnungseinreicher/Vertragsunternehmen in Abzug bringt?	Disagio
Ein Gast möchte bei Ihnen mit einer Kreditkarte bezahlen. Welche Schritte haben Sie der Reihe nach zu tun?	Rechnung dem Gast vorlegen; Kreditkarte des Gastes vorlegen lassen; Abrechnungsformulare des zugehörigen Kreditkartenunternehmens vornehmen; Name, Adresse und Mitgliedsnummer des Betriebes sowie Nummer

Fortsetzung von Seite 27

und Name des Karteninhabers und die Gültigkeitsdauer der Karte eintragen; Datum und Rechnungsbetrag auf dem Abrechnungsformular einsetzen; Gast unterschreiben lassen; Originalrechnung und Kopie des Abrechnungsformulars sowie Kreditkarte an den Gast aushändigen; Beleg für Kreditkarteninstitut und eigenen Beleg zur Abrechnung an das Büro weitergeben.

Wie heißt der Betrag, den ein Kreditkartenunternehmen der Akzeptanzstelle bei der Überweisung der Rechnungsbeträge abzieht und wovon ist die Höhe abhängig?	Der Abzugsbetrag wird als Disagio bezeichnet und dessen Höhe ist von dem Gesamtbetrag der eingereichten Rechnungen und vom jeweiligen Kreditkartenunternehmen abhängig.
Was ist ein Wechsel?	Ein Wechsel ist eine Urkunde, durch die ein Gläubiger einen Schuldner auffordert, an ihn oder eine andere Person zu einem bestimmten Zeitpunkt eine bestimmte Geldsumme zu zahlen.
Welche Bankkarten, mit denen man bargeldlos zahlen kann, kennen Sie?	Die Kundenkarte, die Eurocheque-Karte (ec-Karte), die Kreditkarte.
Wann bekommen Sie eine ec-Karte?	Man muss mindestens 18 Jahre alt sein und über ein regelmäßiges Einkommen verfügen.
Wo kann man mit einer Kunden- oder ec-Karte bezahlen?	Per Electronic-Cash kann man an sog. POS-Kassen (Point-of-Sale) bezahlen. Die Daten auf dem Magnetstreifen der Karte werden gelesen

Fortsetzung von Seite 28	und dann gibt man seine PIN ein. Ist der Kontostand ausreichend wird die Zahlung freigegeben. Die zweite Möglichkeit ist das sog. POZ-System. Der Zahler unterschreibt einen Beleg und erlaubt somit den Einzug des Betrages per Lastschrift.
Warum ist der Wechsel **– ein Kreditmittel** **– ein Zahlungsmittel** **– ein Sicherheits-** **mittel?**	Die Schuld des Käufers wird erst zu einem späteren Zeitpunkt fällig. der Wechselinhaber kann seine Schuld bei einem Gläubiger mit diesem Wechsel begleichen. Für den Wechsel gelten die strengen Rechtsvorschriften des Wechselgesetzes.
Wie heißen beim **Wechsel** **– Schuldner** **– Gläubiger?**	Bezogener Aussteller.
Was ist **– eine Tratte** **– ein Akzept?**	Gezogener Wechsel (ihm fehlt noch die Unterschrift des Bezogenen). Ein vom Schuldner unterschriebener Wechsel.

III. Rechtsgeschäfte

Wichtige Verträge des Wirtschaftslebens

Was verstehen Sie **unter Rechtsfähigkeit?**	Darunter versteht man die Fähigkeit, Träger von Rechten und Pflichten zu sein.
Nennen Sie solche **Rechte und Pflichten!**	Rechte: Recht auf Leben, Eigentum, Erbansprüche. Pflichten: Steuern bezahlen, Schulden tilgen.

Wer besitzt Rechtsfähigkeit?	Natürliche Personen (Menschen) und juristische Personen (Personenvereinigungen oder Vermögensmassen).
Nennen Sie Beispiele von juristischen Personen!	Eingetragener Verein, GmbH, AG, Genossenschaft, Stiftung, Gemeinde, Sozialversicherungsanstalt, Körperschaft, Zweckverband, Staat, Religionsgemeinschaft, Partei, Gewerkschaft.
Wann beginnt und wann endet die Rechtsfähigkeit?	Menschen: Geburt – Tod Juristische Person: Eintragung in öffentliche Register (z. B. Vereinsregister, Handelsregister) – Löschung aus diesem Register.
Kommt es auf den körperlichen oder geistigen Zustand eines Menschen an, ob er Rechtsfähigkeit besitzt oder nicht?	Nein, der körperliche und geistige Zustand berührt nicht die Rechtsfähigkeit des Menschen.
Was verstehen Sie unter Geschäftsfähigkeit?	Geschäftsfähigkeit ist die Fähigkeit, Rechtsgeschäfte (z. B. Verträge) rechtsgültig abschließen zu können.
Welche Stufen der Geschäftsfähigkeit unterscheidet das BGB (= Bürgerliches Gesetzbuch) und welchen Personenkreis umfasst die jeweilige Stufe?	**Geschäftsunfähigkeit:** Kinder unter 7 Jahre. **Beschränkte Geschäftsfähigkeit:** Minderjährige bis unter 18 Jahre. **Volle Geschäftsfähigkeit:** Alle Personen über 18 Jahre. Ebenso Minderjährige, die von ihren gesetzlichen Vertretern ermächtigt wurden, selbständig ein Erwerbsgeschäft zu betreiben oder Arbeiten anzunehmen, für alle Geschäfte, die der Gewerbebetrieb oder das Arbeitsverhältnis mit sich bringt.

Der 6-jährige Hans kauft sich in der Metzgerei M eine Wurstsemmel für 1,– €. Ist ein Kaufvertrag zustande gekommen?	Nein. Hans ist geschäftsunfähig. Die Willenserklärung solcher Personen ist nichtig. Rein rechtlich müsste z. B. die Mutter für ihren Sohn Hans die Wurstsemmel kaufen.
Tante Frieda schenkt ihrer 3-jährigen Nichte Susi ein Dreirad. Ist Susi Eigentümerin des Dreirades geworden?	Nein. Die Willenserklärung, die gegenüber einem Geschäftsunfähigen abgegeben wird, wird erst wirksam, wenn sie dem gesetzlichen Vertreter zugeht. Susi wird also erst dann Eigentümerin des Dreirades, wenn ihre Eltern es als Geschenk annehmen.
Wann sind Verträge mit beschränkt Geschäftsfähigen gültig?	Wenn sich der Betrag im Rahmen des Taschengeldes bewegt, es ein ausschließlich rechtlicher Vorteil für ihn ist und innerhalb eines Dienst-/Arbeitsvertrages.
Der 12-jährige Fritz kauft sich ohne Wissen seiner Eltern beim Fahrradhändler ein Rennrad für 400,– €. Ist der Vertrag wirksam?	Nein. Der Kaufpreis geht über das Taschengeld hinaus. Die Eltern müssten zustimmen. Bis zur Zustimmung ist der Vertrag schwebend unwirksam.
Welchen Sinn hat die stufenweise Erweiterung der Geschäftsfähigkeit?	Die jungen Menschen sollen schrittweise lernen, mit Geld sinnvoll umzugehen. Sie sollen vor Verschuldung gehützt werden und vor Übervorteilung (z. B. Betrug).
Was sind Willenserklärungen?	Willenserklärungen sind Äußerungen, an die das Gesetz bestimmte rechtliche Folgen knüpft.
Was sind Rechtsgeschäfte?	Rechtsgeschäfte sind abgegebene Willenserklärungen, die einen gewollten Rechtserfolg nach sich ziehen (Rechte begründen, ändern oder aufheben).

Es gibt zwei Arten von Rechtsgeschäften, einseitige und zweiseitige. Bei den einseitigen Rechtsgeschäften wird wieder ein Zweiteilung vorgenommen. Welche? Geben Sie auch Beispiele an!	Nicht empfangsbedürftige Willenserklärungen: Testament. Empfangsbedürftige Willenserklärungen: Kündigung, Mahnung, Bürgschaft, Mängelrüge.
Auch bei den zweiseitigen Rechtsgeschäften gibt es eine Zweiteilung. Welche? Geben Sie auch Beispiele an!	Einseitig verpflichtende: Schenkung. Zweiseitig verpflichtende: Kauf-, Miet-, Leih-, Pacht-, Ausbildungsvertrag.
Wie kommen zweiseitige Rechtsgeschäfte zustande?	Sie kommen nur durch zwei übereinstimmende Willenserklärungen zustande.
Wie werden diese Willenserklärungen genannt?	Antrag und Annahme.
WIn welcher Form können Rechtsgeschäfte abgeschlossen werden?	Grundsätzlich besteht bei Rechtsgeschäften Abschluss-, Inhaltsbzw. Gestaltungs- und Formfreiheit (mündlich schriftlich, stillschweigend, schlüssiges Verhalten).
Bei welchen Rechtsgeschäften besteht a. Schriftftorm:	Berufsausbildungsvertrag. Kündigung eines Arbeitsverhältnisses, Ratenvertrag, Testament, Mietvertrag (länger 1 Jahr), Pachtvertrag, Bürgschaft einer Privatperson
b. Öffentliche Beglaubigung:	Hier wird die Echtheit der Unterschrift bestätigt; sie kann von Notaren und Behörden vollzogen werden. Anmeldung zur Eintragung ins Handelsregister oder Vereinsregister, Anerkenntnis über das Erlö-

Fortsetzung von Seite 32

c. Notarielle Beurkundung:	schen einer Schuld, Eintragungsbewilligung ins Grundbuch. Der Notar beurkundet hier nicht nur die Unterschrift, sondern den ganzen Inhalt. Immobiliengeschäfte (Haus, Grundstück, Eigentumswohnung) Erbverzicht, Erbausschlagung, Schenkungsversprechen, Gesellschaftsverträge, (z. B. GmbH, AG), Ehevertrag, Erbvertrag.
Wie werden die Vertragspartner beim Kaufvertrag genannt?	Verkäufer und Käufer.
Wer sind beim Mietvertrag die Vertragspartner?	Vermieter und Mieter.
Was ist Vertragsinhalt des Mietvertrages?	Die zeitweise Überlassung und Gewährung des Gebrauchs einer Sache gegen Entgelt.
Welche Mietverträge sind schriftlich abzuschließen?	Mietverträge über ein Grundstück/Gebäude, die für länger als 1 Jahr abgeschlossen werden.
Wer sind die Vertragspartner beim Pachtvertrag?	Verpächter und Pächter.
Was ist Vertragsinhalt des Pachtvertrages?	Die entgeltliche Überlassung einer Sache oder eines Rechts zum Gebrauch und zur Nutzung (Fruchtgenuss) für eine bestimmte Zeit.
Welche Unterschiede bestehen zwischen einem Pacht- und einem Mietvertrag?	Gegenstand der Pacht können neben Sachen auch Rechte sein. Der Pächter ist nicht nur zum Gebrauch, sondern auch zum Fruchtgenuss des Pachtgegenstandes berechtigt, z. B. Gewinn aus Gasthauspacht.

Wer ist Vertragspartner beim Werkvertrag?	Unternehmer und Besteller.
Was ist Vertragsinhalt des Werkvertrages?	Die Herstellung des versprochenen Werkes oder die Verrichtung einer bestimmten Arbeit oder Dienstleistung durch einen Unternehmer, z. B. Hotel errichten, Kleid schneidern, Steuererklärung machen.

Der Kaufvertrag

Bevor ein Käufer eine Bestellung aufgibt, richtet er oftmals eine Anfrage an den Verkäufer. Je nachdem, wie zielgerichtet sie ist, unterscheidet man zwei Arten der Anfrage. Welche? Geben Sie je ein Beispiel an!	**Allgemeine Anfrage:** „Bitte senden Sie mir Ihre Preisliste zu." **Bestimmte Anfrage:** „Was kostet die Küchenmaschine KM 45?"
Welche rechtliche Bedeutung hat die Anfrage für das Zustandekommen eines Kaufvertrages?	Die Anfrage ist rechtlich immer unverbindlich. Sie ist kein Bestandteil des Kaufvertrages; sie dient nur der Information.
Was verstehen Sie unter einem Antrag?	Der Antrag ist eine bestimmte, empfangsbedürftige und auf Abschluss eines Vertrages gerichtete Willenserklärung.
Welcher Vertragspartner kann einen Antrag machen?	Einen Antrag kann sowohl der Verkäufer (Angebot) als auch der Käufer (Bestellung) machen.

Beim Angebot werden zwei Arten unterschieden. Welche? Geben Sie je ein Beispiel an!	**Verlangtes Angebot:** Der Wirt bittet den Weinhändler telefonisch um ein Angebot bezüglich einer bestimmten Sorte Wein. **Unverlangtes Angebot:** Eine Metzgerei macht dem Wirt von sich aus ein Angebot über den Preis für seine Fleisch- und Wurstwaren.
Welche rechtliche Bedeutung hat das Angebot?	Ein Angebot ist rechtlich immer verbindlich.
Angebote können mündlich aber auch schriftlich abgegeben werden. Wie lange ist der Verkäufer an ein mündliches, wie lange an ein schriftliches Angebot gebunden?	**Bindung bei mündlichem Angebot:** Der Käufer müsste sofort, z. B. noch während der Unterhaltung bzw. während des Telefongesprächs, das Angebot annehmen. Später ist der Anbietende nicht mehr an sein Angebot gebunden. **Bindung bei schriftlichem Angebot:** Der Anbietende ist so lange an sein Angebot gebunden, bis er unter regulären Umständen eine Antwort erwarten darf.
Nenn Sie Möglichkeiten, wann der Anbietende nicht an sein Angebot gebunden ist!	Wenn das Angebot mit einer Freizeichnungsklausel versehen ist, wenn er sein Angebot rechtzeitig widerruft, wenn der Kunde das Angebot abändert, wenn der Käufer zu spät bestellt.
Welche Freizeichnungsklauseln sind Ihnen bekannt?	Solange der Vorrat reicht, Preis freibleibend, völlig unverbindlich, freibleibend, ohne Gewähr, Farbabweichungen möglich.
Warum sind Anzeigen, Werbesendungen usw. keine Angebote?	Sie richten sich nicht an den Empfänger persönlich. Es handelt sich hier um Anpreisungen bzw. um eine Aufforderung an die Allgemeinheit, einen Antrag zu machen.

Welche Vertragsinhalte sollte Ihrer Meinung nach ein Angebot enthalten?	Preis, Menge, Art, Qualität und genaue Bezeichnung der Ware, Lieferungsbedingungen, Zahlungsbedingungen, Erfüllungsort, Gerichtsstand, Preisnachlässe.
Was legen die Lieferungsbedingungen fest?	Sie umfassen Lieferzeit, Liefermenge, Eigentumsvorbehalt, Verpackungskosten und Beförderungskosten.
Erklären Sie den Begriff Eigentumsvorbehalt!	Der Verkäufer übergibt zwar den Besitz der Ware, bleibt aber bis zur vollständigen Bezahlung Eigentümer. Eigentumsvorbehalt wird vor allem bei Ratenkäufen vereinbart. Bezahlt der Käufer seine Schuld nicht, so kann der Verkäufer die Herausgabe der Sache verlangen.
Wann erlischt der Eigentumsvorbehalt?	Er erlischt, wenn der Käufer die Ware vollständig bezahlt hat.
Wann kann der Verkäufer liefern, wenn bezüglich der Lieferzeit nichts vereinbart wurde?	Der Verkäufer kann sofort liefern und vom Käufer sofortige Zahlung verlangen. Liefert der Verkäufer nicht sofort, benötigt der Kunde aber bis zu einem bestimmten Termin die Ware, so müsste dieser die Lieferzeit im Nachhinein noch mitteilen.
Meist wird im Kaufvertrag eine Lieferfrist vereinbart. Welche diesbezüglichen Vereinbarungen sind Ihnen bekannt?	Lieferung spätestens 2 Monate nach Auftragsannahme, Lieferung am 12. 11. 20.., Lieferung auf Abruf, Lieferung nach Mitteilung des Verkäufers, Lieferung in der 14. Kalenderwoche 20..
Was verstehen Sie unter einem Fixgeschäft?	Beim Fixgeschäft ist der Liefertermin genau festgelegt, z. B. 01. 09. 20.., 6. Kalenderwoche 20.., März 20..

| **Welche Sonderformen des Kaufvertrages kennen Sie? Geben Sie auch jeweils eine kurze Erklärung dazu.** | **Kauf auf Probe:** Der Käufer behält sich vor, die Ware erst auszuprobieren. Bei Nichtgefallen hat er das Recht, sie innerhalb einer angemessenen oder vereinbarten Frist zurückzugeben, z. B. Teppich, Fernsehapparat

Kauf nach Probe (Muster): Der Verkäufer ist verpflichtet, Ware von derselben Beschaffenheit wie das Muster zu liefern, z. B. Wein, Stoffe.

Kauf zur Probe: Hier handelt es sich um einen festen Kauf. Der Käufer bestellt zunächst nur eine kleine Menge, um diese auszuprobieren. Es besteht aber keine Verpflichtung für weitere (größere) Käufe.

Kauf auf Abruf: Dies ist ein Kaufvertrag über eine größere Warenmenge, die jedoch erst innerhalb einer vereinbarten Frist ganz oder in Teilmengen abgerufen wird.

Spezifikationskauf (Bestimmungskauf): Der Käufer hat das Recht, innerhalb einer bestimmten Frist, die gekaufte Ware nach Form, Farbe usw. noch näher zu bestimmen, z. B. Stoffe, Tapeten.

Kommissionskauf: Die nicht verkaufte Ware kann wieder zurückgegeben werden, z.B. Zeitungen, Zeitschriften. Nur die verkaufte Ware muss bezahlt werden. |
| **Wie werden Kaufverträge nach der rechtlichen Stellung der Vertragspartner unterschieden?** | **Bürgerlicher Kauf:** Beide Vertragspartner handeln als Privatpersonen, z. B. Koch Alois kauft seinem Kollegen dessen Mountainbike ab.

Einseitiger Handelskauf: Ein Vertragspartner handelt als Privatperson, der andere als Kaufmann, z. B. Koch Alois kauft ich im Restaurant |

Fortsetzung von Seite 37 „Zur Schwalbe" ein Steak.
Zweiseitiger Handelskauf: Beide Vertragspartner handeln als Kaufleute, z. B. das Restaurant „Zur Schwalbe" kauft beim Metzger Frisch 20 kg Steakfleisch.

Welche Vorteile hat der Kauf auf Abruf für den Käufer?	Meist wird eine größere Menge eingekauft, sodass ein günstigerer Preis und bessere Zahlungsbedingungen ausgehandelt werden können. Des Weiteren wird, beim Abrufen von Teilmengen, nur ein kleinerer Lagerraum benötigt, was die Lagerkosten verringert. Durch die Lieferung in Teilmengen ist die Gefahr des Verderbs und Schwundes geringer.
Welche Lieferungsbedingungen sind Ihnen bekannt?	Ab Fabrik, ab Lager, ab Werk, ab hier, ab Bahnhof, ab Hafen, hier, unfrei, frei Waggon, frei dort, frachtfrei, frei Bahnhof, frei Haus, frei Keller, frei Lager, frei Baustelle, inklusive Fracht.
Aus welchen Kosten setzen sich die Transportkosten zusammen?	Aus Fracht, Verladekosten und Rollgeld.
Nennen Sie die gesetzliche Regelung bei den Lieferungsbedingungen!	Unfrei oder ab hier, ab Bahnhof hier, ab Hafen hier, frei Waggon.
Welche Regelung bei den Lieferungsbedingungen ist für den Verkäufer die kostengünstigste?	Ab Fabrik, Lager, Werk.

Bei welcher Regelung trägt der Verkäufer die Transportkosten bis zum Käufer?	Frei Haus, Keller, Lager, Baustelle oder inklusive Fracht und Rollgeld.
Unterscheiden Sie Rollgeld und Fracht!	Unter Rollgeld werden die Transportkosten von Verkäufer zur Versandstation und von der Empfangsstation bis zum Käufer verstanden. Fracht sind die Transportkosten von der Versandstation zur Empfangsstation.
Wie lautet die Vereinbarung im Kaufvertrag, wenn der Käufer die Versandkosten ab Bahnhof des Lieferers tragen soll?	Ab hier, unfrei, frei Waggon, ab Bahnhof hier oder ab Hafen hier.
Nach den Regelungen des BGB sind Warenschulden Holschulden. Erklären Sie was dies bedeutet!	Diese rechtliche Regelung bedeutet, dass sich der Käufer die gekaufte Ware grundsätzlich auf eigene Kosten vom Verkäufer abholen müsste, bzw. der Verkäufer/Lieferant könnte die Transportkosten dem Käufer in Rechnung stellen, falls keine gesonderte Absprache getroffen wurde.
Was bedeutet die Lieferungsbedingung „frei dort"?	Der Lieferer trägt die Beförderungskosten bis zur Empfangsstation.
Was regeln die Zahlungsbedingungen?	Sie regeln, ob es sich um einen Bar- oder Zielkauf handelt und welche Preisnachlässe gewährt werden.
Nennen Sie einige Zahlungsbedingungen!	Vorauszahlung, Zahlung gegen bar, Zahlung gegen Kasse, Zahlung netto Kasse, Zahlung gegen Nachnahme, Zahlung innerhalb 30 Tagen, Zahlung innerhalb 10 Tagen bei

Fortsetzung von Seite 39	2 % Skonto oder in 30 Tagen ohne Abzug, bei Bestellung von mindestens 100 Stück 5 % Rabatt.
Welche Bedeutung hat die Zahlungsbedingung „netto Kasse"?	Der Rechnungsbetrag ist ohne Abzug zu zahlen.
Aus welchem Grund wird Ihrer Meinung nach Skonto (= Barzahlungsnachlass) gewährt?	Um den Kunden zum frühzeitigen Zahlungsausgleich zu veranlassen.
Was versteht man unter Bonus?	Bonus ist ein nachträglich gewährter Rabatt, z. B. am Jahresende. Er ist eine Art Mengenrabatt oder Treueprämie bei Warenlieferungen, meist gestaffelt nach der Höhe des Umsatzes.
Beim Rabatt in Form von Ware gibt es die Drauf- und Dreingabe. Beschreiben Sie diese!	In beiden Fällen handelt es sich um einen sog. Naturalrabatt. **Draufgabe:** Der Kunde/Käufer bekommt zur bestellten Menge noch weiter gleiche Ware (ohne Berechnung) geliefert. **Dreingabe:** Der Käufer bekommt die bestellte Menge einer Ware geliefert; ihm wird aber nicht die gesamte Menge berechnet.
Was bedeutet im Rahmen des Kaufvertrages „Zahlung auf Ziel"?	Zahlung innerhalb einer bestimmten Frist (meist 30 Tage).
Was verstehen Sie unter Erfüllungsort?	Erfüllungsort ist der Ort, an dem die Schuldner ihre Leistungen zu bewirken und die Gläubiger sie anzunehmen haben. Dabei spielt es keine Rolle, wer die Kosten des Transportes übernommen hat.

Nennen Sie den gesetzlichen Erfüllungsort!	Gesetzlicher Erfüllungsort ist der Geschäftssitz/Wohnsitz der Schuldner (für die Ware: Ort des Verkäufers, für das Geld: Ort des Käufers).
Welche Bedeutungen hat der Erfüllungsort?	Es ist der Ort der termingerechten Vertragserfüllung für beide Seiten. Des Weiteren geht die „Gefahr", d. h. die Haftung, am Erfüllungsort vom Schuldner auf den Gläubiger über. Auch für den Gerichtsstand ist der Erfüllungsort von Bedeutung, meist sind beide identisch.
Ein Wirt bezieht von seinem Lieferer Ware, die unterwegs durch ein Unwetter beschädigt wird. Wer trägt den Schaden (Kaufpreis), wenn im Kaufvertrag nichts vereinbart wurde?	Der Wirt, denn Warenschulden sind Holschulden. Die Gefahr der Ware ging nach Verlassen des Verkäufers auf den Käufer über. Das Unwetter (höhere Gewalt) hat der Lieferer nicht zu vertreten.
Der Verkäufer ist in München, der Käufer in Stuttgart. Bezüglich des Erfüllungsortes wurde nichts vereinbart. Wann erfüllen die Vertragspartner den Vertrag?	Der Verkäufer erfüllt, wenn er die Ware rechtzeitig in München und der Käufer, wenn er das Geld rechtzeitig in Stuttgart übergibt.
Was verstehen Sie unter Gerichtsstand?	Es ist derjenige Ort, an dem eine Klage zu erheben ist.
Wo ist der Gerichtsstand – wenn beide Vertragspartner Vollkaufleute sind?	In diesem Fall ist Erfüllungsort gleich Gerichtsstand.

41

Fortsetzung von Seite 41

– wenn nur ein Vertragspartner oder keiner Kaufmann ist?	Gerichtsstand ist hier der Wohn- oder Geschäftssitz des Beklagten.
– bei Abzahlungsgeschäften?	Der Gerichtsstand ist der Wohnsitz des Käufers.
Welche rechtliche Bedeutung hat die Bestellung?	Die Bestellung ist eine rechtsverbindliche Willenserklärung des Käufers.
Nennen Sie Fälle, bei denen der Verkäufer noch eine Auftragsbestätigung zu erteilen hat, damit ein Kaufvertrag zustande kommt.	Wenn der Käufer ohne vorheriges Angebot des Verkäufers bestellt, wenn bei einem mündlichen Angebot der Käufer nicht sofort annimmt, wenn der Käufer ein schriftliches Angebot nicht innerhalb einer Frist, die den regelmäßigen Umständen nach entspricht, annimmt, wenn der Käufer das Angebot ändert und wenn er nach Fristablauf bestellt ...
Bereits abgeschlossene Rechtsgeschäfte können ihre Wirksamkeit durch Nichtigkeit oder Anfechtung verlieren. Was bedeutet Nichtigkeit?	Nichtigkeit bedeutet, dass die gewollte Rechtswirkung nicht eintritt. Nichtige Verträge sind von Anfang an ungültig.
Nennen Sie einige Nichtigkeitsgründe!	Mängel der vorgeschriebenen Form (z. B. keine notarielle Beurkundung und Grundbucheintragung bei Grundstückskauf), Scheinerklärungen, Verstoß gegen ein gesetzliches Verbot (z. B. Handel mit Rauschgift), sittenwidrige Willenserklärungen (z. B. Wucher), Willenserklärungen von geschäftsunfähigen Personen, Willenserklärungen von

Fortsetzung von Seite 42	beschränkt geschäftsfähigen außerhalb des Taschengeldes, Scherzgeschäfte, Willenserklärungen von Betrunkenen.
Was bedeutet Anfechtung?	Das Rechtsgeschäft wird mit rückwirkender Kraft nachträglich nichtig. Wird nicht angefochten, bleiben die Willenserklärungen wirksam.
Nennen Sie Anfechtungsgründe!	Irrtum bezüglich Inhalt, Beweggrund, Handlung, Übermittlung und über die wesentliche Eigenschaft; arglistige Täuschung und widerrechtliche Drohung.

Störungen bei der Erfüllung des Kaufvertrages

Welche Pflichten haben Verkäufer und Käufer bei der Erfüllung des Kaufvertrages? **– Verkäufer** **– Käufer**	Übergabe der Sache Übertragung des Eigentums Keine Sach- und Rechtsmängel Abnahme der gekauften Sache Bezahlung des Kaufpreises
Welche Rechte hat der Käufer, wenn der Lieferant nicht oder nicht rechtzeitig liefert?	– Er kann weiterhin die Lieferung verlangen und einen eventuellen Schaden fordern (z. B. entgangener Gewinn). Nach Ablauf einer angemessenen Nachfrist (außer beim Fixkauf) kann er – Schadenersatz fordern und auf Lieferung verzichten (z. B. bei Deckungskauf), oder – vom Vertrag zurücktreten und Schadenersatz fordern.

Wann liegt ein Sach-/ Rechtsmangel vor?	Als Mängel zählen insbesondere falsche Waren, zu geringe/zu große Mengen, wenn die Sache in ihrer Beschaffenheit oder Qualität Fehler aufweist, wenn die Ware nicht der Probe/dem Muster entspricht, aber auch wenn die Sache nicht den Werbeaussagen entspricht oder mangelhafte Montageanleitungen zu Fehlern führen („IKEA"-Klausel).
Welche Rechte hat der Käufer bei Mängeln an der gekauften Sache?	Recht auf Nacherfüllung Rücktritt vom Vertrag Minderung des Preises Schadenersatz Ersatz der Aufwendungen
Was beinhaltet der Nacherfüllungsan- spruch?	Der Verkäufer hat die Möglichkeit, Fehler an der gekauften Sache nachzubessern (zweimalige Nach- besserung, z. B. Reparatur); ist die Ware dann immer noch fehlerhaft, kann der Käufer eine Neulieferung verlangen und Ersatz von Kosten und Aufwendungen.
Wann kann der Käufer vom Vertrag zurück- treten?	Die Voraussetzungen sind: – Sach-/Rechtsmängel der Sache. – Erfolgloser Ablauf einer angemes- senen Nachfrist zur Nacherfüllung.
Wann kann der Gläu- biger Schadenersatz fordern?	– Der Schuldner hat eine Pflicht bei der Kaufvertragserfüllung verletzt, – der Schuldner hat die Pflicht- verletzung zu vertreten, und – eine angemessene Nachfrist ist abgelaufen.
Wann handelt es sich um einen Verbrauchs- güterkauf?	Darunter versteht man einen Kauf- vertrag zwischen einem Unterneh- mer als Verkäufer und einem Ver- braucher als Käufe über bewegliche Sachen.

Erklären Sie (nach BGB) die beiden Begriffe Unternehmer und Verbraucher!	**Unternehmer:** U. ist jede natürliche (z. B. Einzelunternehmer) oder juristische Person (z. B. GmbH) oder Personengesellschaft (z. B. OHG, G.d.b.R.), die einen Vertrag in Ausübung ihrer gewerblichen oder selbständigen Tätigkeit abschließt. **Verbraucher:** V. ist jede natürliche Person, die einen Vertrag abschließt, der weder ihrer gewerblichen noch selbständigen Tätigkeit zugerechnet werden kann.
Wie lange beträgt die Gewährleistungsfrist bei einem Verbrauchsgüterkauf?	Die gesetzliche Gewährleistungsfrist beträgt 2 Jahre.
In einem Werbeprospekt steht bei einem Kühlschrank: „Jahresverbrauch 290 kWh." **In Wirklichkeit sind es 500 kWh. Was kann der Käufer machen?**	Dem Käufer steht zunächst ein Nacherfüllungsanspruch zu. Als Nacherfüllung kann er nach seiner Wahl die Beseitigung des Mangels (z. B. Austausch von Teilen) verlangen. Falls der Kühlschrank auch dann noch nicht entsprechend energiesparend ist, kann er die Lieferung eines mangelfreien Gerätes verlangen.
Worin liegt der Unterschied von Garantie und Gewährleistung?	Garantie liegt dann vor, wenn der Verkäufer die bestehenden Mängelrechte des Käufers verstärken will.
Nennen Sie die wichtigsten Vorschriften über den Verbrauchsgüterkauf!	– Von den gesetzlichen Vorschriften darf nicht zu Lasten des Verbrauchers abgewichen werden, – Beweislastumkehr bei Gewährleistung bezüglich des Vorliegens eines Mangels zu Lasten des Unternehmers in den ersten 6 Monaten nach dem Kauf,

Fortsetzung von Seite 45

– Verjährungsverkürzung über Gewährleistungsfristen sind beim Kauf von neuen Sachen unter 2 Jahre bzw. von gebrauchten Sachen unter 1 Jahr nicht zulässig,
– Beim Versendungskauf (z. B. Lieferung durch einen Spediteur, Paketservice) trägt der Unternehmer (Verkäufer) die Gefahr des Unterganges bis zur Ablieferung der Sache beim Verbraucher (Warenschulden werden hier zu Bringschulden), unabhängig davon, wer die Transportkosten bezahlt,
– Garantieerklärungen müssen für den Verbraucher einfach und verständlich sein.

Wann kann der Gläubiger vom Schuldner Schadenersatz verlangen?	Er kann dies verlangen, wenn der Schuldner schuldhaft eine Pflicht aus dem Schuldverhältnis verletzt (Nichtlieferung der Sache, fehlerhafte Lieferung, Nichtannahme der Sache, Nichtzahlung des Kaufpreises).
Nach welchen Voraussetzungen kommt der Käufer in Annahmeverzug?	– Die Lieferung muss fällig sein, und – die Lieferung muss tatsächlich angeboten sein, und – Nichtannahme der Lieferung.
Welche Rechte hat der Lieferer beim Annahmeverzug?	– Er kann vom Vertrag zurücktreten und Ersatz der Mehraufwendungen verlangen, oder – die Ware/Sache lagern (auf Kosten und Gefahr des Käufers) und auf Abnahme klagen, oder – einen Selbsthilfeverkauf (Versteigerung) vornehmen lassen.

Wann kommt der Schuldner einer Entgeltforderung in Verzug?	Er kommt spätestens in Verzug, wenn er nicht innerhalb von 30 Tagen nach Fälligkeit und Zugang einer Rechnung leistet. Ist der Schuldner Verbraucher, so gilt diese Frist nur dann, wenn er auf den Verzug in der Rechnung besonders hingewiesen wurde, ansonsten erst nach einer Mahnung.
Die Firma Sport & Spaß GmbH lieferte an ein Hotel Sportgeräte. Anbei lag die Rechnung. Als vertragliches Zahlungsziel wurde vereinbart: „... zahlbar innerhalb von 10 Tagen abzüglich 3% Skonto, 30 Tage netto Kasse." **Wann tritt Zahlungsverzug ein?**	Das Hotel kommt in Zahlungsverzug, wenn es nicht innerhalb der 30 Tage bezahlt.
Welche Rechte hat der Gläubiger beim Zahlungsverzug?	– Er kann (weiterhin) die Zahlung verlangen, – einen Rechtsanwalt oder ein Inkassobüro einschalten, – einen Mahnbescheid erwirken, Klage erheben, – Verzugszinsen verlangen, – Ersatz von Kosten fordern.
Nennen Sie die Regelung der gesetzlichen Verzugszinsen nach BGB!	**Bürgerlicher Kauf:** 5% plus Basiszinssatz. **Einseitiger Handelskauf:** 5% plus Basiszinssatz. **Zweiseitiger Handelskauf:** 8% plus Basiszinssatz. Vertraglich können in allen drei Situationen höhere Zinsen verlangt/vereinbart werden.

Wer legt den Basiszinssatz fest?	Er wird von der Deutschen Bundesbank jeweils zum 1. 1. und 1. 7. in jedem Jahr festgelegt.
Was ist Gegenstand der Verjährung?	Gegenstand ist das Recht von einem anderen ein Tun oder Unterlassen zu verlangen (Anspruch).
Der Gastronom Fein kauft sich in einem Electronic-Laden einen Computer. Nach 7 Monaten ist das CD-Laufwerk kaputt. Kann er den PC noch zurückgeben?	Ja, Verkäufer müssen 2 Jahre für ihre Produkte „geradestehen". Bei Gebrauchtwaren beträgt die Frist 1 Jahr. Die Frist beginnt, wenn der Käufer die Sache erhält.
Wie lange beträgt die regelmäßige Verjährungsfrist?	Die regelmäßige Verjährungsfrist beträgt 3 Jahre.
Wann beginnt die regelmäßige Verjährungsfrist?	Die Frist beginnt mit dem Schluss des Jahres (31. 12. ..) in dem der Anspruch entstanden ist oder der Betroffene (Gläubiger) in Erfahrung bringen kann, wer (Schuldner) dafür verantwortlich zu machen ist.
Welche Ansprüche verjähren in 30 Jahren?	In 30 Jahren verjähren – Herausgabeansprüche aus Eigentum und anderen dinglichen Rechten, – Familien- und erbrechtliche Ansprüche (Unterhaltsansprüche in 3 Jahren), – Ansprüche aus rechtskräftigen Urteilen, – Ansprüche aus vollstreckbaren Vergleichen oder vollstreckbaren Urkunden, – Ansprüche, die durch ein Insolvenzverfahren erfolgte Feststellung vollstreckbar geworden sind.

In welchen Fällen kommt es zu einem Neubeginn der Verjährung?	Die Verjährung beginnt erneut, wenn – der Schuldner dem Gläubiger gegenüber den Anspruch durch eine Abschlags-(Teil-)Zahlung, Zinszahlung, Sicherheitsleistung oder in anderer Weise anerkennt oder – eine gerichtliche oder behördliche Vollstreckungshandlung vorgenommen oder beantragt wird.
Was verstehen Sie unter Hemmung der Verjährung?	Hemmung ist der Zeitraum, in dem das hemmende Ereignis andauert. Er wird nicht in die Verjährungsfrist eingerechnet. Der Ablauf der laufenden Verjährungsfrist wird also angehalten, bis der Hemmungsgrund entfallen ist. Dann läuft die noch nicht abgelaufene restliche Verjährungsfrist zu Ende.
Nennen Sie wesentliche Fälle, die eine Hemmung der Verjährung zur Folge haben!	– Klageerhebung – Zustellung eines Mahnbescheides im Mahnverfahren – Anmeldung des Anspruchs im Insolvenzverfahren – Beginn eines schiedsrichterlichen Verfahrens (z. B. Güteverhandlung) – berechtigte Leistungsverweigerung des Gläubigers Das kaufmännische Mahnverfahren hat keinen Einfluss auf die Verjährung.

B Menschliche Arbeit im Betrieb

I. Berufsausbildung

Rechtliche Grundlagen des Berufsausbildungsverhältnisses

Welches Gesetz regelt die gesamte Berufsausbildung?	Das Berufsbildungsgesetz von 1969 mit den späteren Ergänzungen.
Welche Ziele verfolgt dieses Gesetz?	Es stellt die Ausbildungsverhältnisse auf eine bundeseinheitliche Grundlage, um gleiche und einer wirkungsvollen Ausbildung entsprechende Grundbedingungen zu schaffen.
Was ist Berufsbildung im Sinne dieses Gesetzes?	Berufsbildung sind die Berufsausbildung, die berufliche Fortbildung und die berufliche Umschulung.
Wozu dienen die Ausbildungsordnungen?	Sie dienen als Grundlage für eine geordnete und einheitliche Berufsausbildung.
Wer erlässt die Ausbildungsordnungen?	Sie werden erlassen vom Bundesminister für Wirtschaft oder dem sonst zuständigen Fachminister im Einvernehmen mit dem Bundesminister für Arbeit und Sozialordnung durch Rechtsverordnungen.
Was beinhaltet der Ausbildungsrahmenplan?	Er ist die Anleitung zur sachlichen und zeitlichen Gliederung der zu vermittelnden Fertigkeiten und Kenntnisse.

Wie heißt der Plan, der die Ausbildung im Betrieb aufgrund des Ausbildungsrahmenplanes individuell regelt?	Ausbildungsplan
Wo wird die Berufsbildung durchgeführt?	Berufsausbildung wird durchgeführt in Betrieben der Wirtschaft, in vergleichbaren Einrichtungen außerhalb der Wirtschaft, insbesondere des öffentlichen Dienstes, der Angehörigen der freien Berufe und in Haushalten sowie in berufsbildenden Schulen und sonstigen Berufsbildungseinrichtungen außerhalb der schulischen und betrieblichen Berufsbildung.
Für welche beruflichen Ausbildungsgänge gilt das Berufsbildungsgesetz nicht?	Dieses Gesetz gilt nicht für die Berufsbildung in berufsbildenden Schulen, für die Berufsbildung in einem öffentlich-rechtlichen Dienstverhältnis und nicht für die Berufsbildung auf Kauffahrteischiffen, soweit es sich nicht um Schiffe der kleinen Hochseefischerei oder der Küstenfischerei handelt.
Unterscheiden Sie Auszubildenden, Ausbildenden, Ausbilder!	Auszubildender ist derjenige, der eine Ausbildung in einem anerkannten Ausbildungsberuf anstrebt. Ausbildender stellt einen anderen zur Berufsausbildung ein. Auszubildende darf nur einstellen, wer persönlich und fachlich dazu geeignet ist. Ausbilder ist derjenige, der vom Ausbildenden ausdrücklich damit beauftragt ist, den Auszubildenden auszubilden. Er muss persönlich und fachlich geeignet sein.

Welche Institution führt das Verzeichnis der anerkannten Ausbildungsberufe?	Der Bundesminister für Arbeit und Soziales; er hat es jährlich zu veröffentlichen.
Welche Voraussetzungen und Eigenschaften muss ein Ausbildender vorweisen, um ausbildungsberechtigt zu sein?	Die Ausbildungsstätte muss nach Art und Einrichtung für die Berufsausbildung geeignet sein. Ferner muss die Zahl der Auszubildenden in einem angemessenen Verhältnis zur Zahl der Ausbildungsplätze oder zur Zahl der beschäftigten Fachkräfte stehen, es sei denn, dass anderenfalls die Berufsausbildung nicht gefährdet wird.
Was ist überbetriebliche Ausbildung und wann ist sie notwendig?	Darunter versteht man die Ausbildung außerhalb der Ausbildungsstätte. Sie wird dann notwendig, wenn die Ausbildungsstätte nicht die erforderlichen Kenntnisse und Fertigkeiten in vollem Umfang vermitteln kann.
Erklären Sie den Begriff „anerkannter Ausbildungsberuf"!	In der Bundesrepublik kann nur in staatlich anerkannten Ausbildungsberufen ausgebildet werden. Welcher Ausbildungsberuf anerkannt wird, entscheidet der Bundesminister für Wirtschaft oder der sonst zuständige Fachminister im Einvernehmen mit dem Bundesminister für Arbeit und Sozialordnung durch Rechtsverordnung.
Was ist ein Berufsbild und welche Bedeutung hat es für die Ausbildung?	In einem Ausbildungsberufsbild sind die Ziele und Anforderungen der Berufe zusammengefasst. Es umfasst die Dauer der Ausbildungszeit, die einzelnen Aubeitsgebiete sowie die erforderlichen Fertigkeiten und Kenntnisse, die der Auszubildende im Laufe seiner Ausbildung erwerben sollte.

Welche Ausbildungsberufe gibt es im Gastgewerbe?	Fachkraft im Gastgewerbe, Koch/Köchin, Restaurantfachmann/-frau, Hotelfachmann/-frau, Hotelkaufmann/-frau, Fachmann/-frau Systemgastronomie.
Wann und wie viele Zwischenprüfungen schreibt das Gesetz vor?	Während der Berufsausbildung ist zur Ermittlung des Ausbildungsstandes mindestens eine Zwischenprüfung entsprechend der Ausbildungsordnung durchzuführen.
Wer ist zur Abschlussprüfung zuzulassen?	Zur Abschlussprüfung ist zuzulassen, wer die Ausbildung zurückgelegt hat oder wessen Ausbildungszeit nicht später als 2 Monate nach dem Prüfungstermin endet, wer an vorgeschriebenen Zwischenprüfungen teilgenommen hat und die vorgeschriebenen Berichtshefte geführt hat und wessen Ausbildungsverhältnis in das Verzeichnis der Berufsausbildungsverhältnisse eingetragen ist.
Was soll die Abschlussprüfung feststellen?	Sie soll feststellen, ob der Prüfling die erforderlichen Fertigkeiten beherrscht, die notwendigen praktischen und theoretischen Kenntnisse besitzt und mit dem ihm im Berufsschulunterricht vermittelten, für die Berufsausbildung wesentlichen Lehrstoff vertraut ist. Grundlage ist die Ausbildungsordnung.
Welche Stelle entscheidet über die Zulassung zur Abschlussprüfung?	Es entscheidet die jeweils zuständige Stelle (IHK, für Handwerksberufe die Handwerkskammer).
Wer nimmt die Abschlussprüfung vor?	Für die Abnahme der Abschlussprüfung errichten die zuständigen Stellen (IHK und Handwerkskammer) Prüfungsausschüsse.

Welche Personen sind Vertragspartner beim Berufsausbildungsvertrag?	Vertragspartner sind Ausbildender und Auszubildender. Bei Minderjährigen muss auch der gesetzliche Vertreter des Auszubildenden unterschreiben.
In welcher Form ist der Berufsausbildungsvertrag abzuschließen?	Der Berufsausbildungsvertrag muss schriftlich abgeschlossen werden, um Gültigkeit zu erlangen.
Wann ist ein Berufsausbildungsvertrag abzuschließen?	Er ist vor Beginn der Ausbildung abzuschließen.
Was muss Ihrer Meinung nach der Berufsausbildungsvertrag beinhalten?	Angabe des Ausbildungsberufes; sachliche und zeitliche Gliederung der Berufsausbildung; Beginn und Dauer der Berufsausbildung; Ausbildungsmaßnahmen außerhalb der Ausbildungsstätte; Dauer der regelmäßigen Arbeitszeit; Dauer der Probezeit; Zahlung und Höhe der Vergütung; Dauer des Urlaubs; Kündigungsvoraussetzungen.
Welche Pflichten erwachsen aus obigem Vertrag dem Auszubildenden?	Er hat sich zu bemühen, die Fertigkeiten und Kenntnisse zu erwerben, die erforderlich sind, um das Ausbildungsziel zu erreichen; die angeordneten Verrichtungen sorgfältig auszuführen; die Berufsschule zu besuchen; Anweisungen vom Ausbildenden und Ausbilder oder anderen weisungsberechtigten Personen zu befolgen; die Betriebsordnung einzuhalten; mit Werkzeugen, Maschinen und sonstigen Einrichtungen sorgfältig umzugehen; über Betriebs- und Geschäftsgeheimnisse Stillschweigen zu bewahren; Berichtshefte ordentlich zu führen; die Zwischenprüfung abzulegen.

Welche Pflichten hat der Ausbildende?	Er hat dafür zu sorgen, das dem Auszubildenden die Fertigkeiten und Kenntnisse vermittelt werden, die zum Erreichen des Ausbildungszieles erforderlich sind; die Verrichtungen müssen ausbildungsbezogen sein; selbst auszubilden oder einen Ausbilder damit zu beauftragen; kostenlose Bereitstellung der Arbeitsmittel; Freistellung zur Berufsschule; Kontrolle der Berichtshefte; charakterliche Förderung und Schutz von sittlichen und körperlichen Gefahren; Ausstellung eines Zeugnisses bei Beendigung des Ausbildungsverhältnisses.
Von welcher Stelle wird die fachliche Eignung eines Ausbildungsbetriebes in Industrie und Handel überprüft?	Von der IHK.
Wie lange muss die Probezeit mindestens dauern?	Sie muss mindestens 1 Monat dauern.
Wie lange darf die Probezeit höchstens betragen?	Sie darf höchstens 4 Monate betragen.
Wann kann das Ausbildungsverhältnis während der Probezeit gelöst werden?	Es kann von beiden Seiten ohne Kündigungsfrist und ohne Angabe von Gründen gelöst werden.

In welchen Fällen kann das Berufsausbildungsverhältnis nach der Probezeit gekündigt werden?	Der Vertrag kann von beiden Seiten aufgrund von schwerwiegenden Vorfällen fristlos gekündigt werden; vom Auszubildenden mit einer Kündigungsfrist von 4 Wochen, wenn er die Berfusausbildung aufgeben oder sich für eine andere Berufstätigkeit ausbilden lassen will.
Welche Form der Kündigung ist jeweils vorgeschrieben?	In beiden Fällen hat sie schriftlich zu erfolgen und unter Angabe des Kündigungsgrundes.
Nennen Sie außerordentliche Kündigungsgründe von seiten des – Ausbildenden	Beharrliche Arbeitsverweigerung, Diebstahl, tätlicher Angriff, häufiger Nichtbesuch der Berufsschule, vorsätzliche Beschädigung von Betriebseigentum, Beleidigung, Schwarzarbeit, Verrat von Betriebs- und Geschäftsgeheimnissen.
– Auszubildenden	Zu schlechte Ausbildung, ständige berufsfremde Arbeiten, tätlicher Angriff, Beleidigung, unsittliche Belästigung.
Welche Behörden sind für die Beilegung von Streitigkeiten zuständig?	Betriebsrat (Jugendvertretung), IHK, Gewerbeaufsichtsamt, Arbeitsgericht.
Wann kann ein Berufsausbildungsverhältnis enden?	Es endet normalerweise mit dem Ablauf der Ausbildungszeit. Besteht der Auszubildende vor Ende der Ausbildungszeit die Abschlussprüfung, so endet das Ausbildungsverhältnis mit Bestehen der Abschlussprüfung. Bei Nichtbestehen der Abschlussprüfung verlängert sich das Ausbildungsverhältnis auf Verlangen des Auszubildenden bis zur nächsten Prüfung, höchstens um 1 Jahr.

Der Auszubildende hat die Abschlussprüfung bestanden und will nun den Betrieb wechseln. Muss er die Kündigungsfrist einhalten?	Nein, das Ausbildungsverhältnis ist mit dem Bestehen der Abschlussprüfung aufgelöst.

Fortbildung und Umschulung

Weshalb ist besonders im Gastgewerbe die berufliche Fortbildung wichtig?	Das Gastgewerbe ist u. a. durch Betriebe unterschiedlichster Art und Größe, Gästekreise und Angebote gekennzeichnet. Die Gästewünsche hinsichtlich Qualität, Preis und Leistung sind im steten Wandel begriffen. Auch die zunehmende Technisierung in Empfang, Büro, Service und Küche verlangen eine stete Weiterbildung der Fachkräfte.
Wie können Sie sich beruflich fortbilden?	Lesen von Fachbüchern und -zeitschriften; Besuch von Messen und Ausstellungen; Fachgespräche mit Kollegen, Vorgesetzten und Unternehmern; Teilnahme an Kursen, Vorträgen, Lehrgängen und Seminaren, die der Berufs- und Allgemeinbildung dienen; Studiengänge zum Betriebswirt im Hotel- und Gaststättengewerbe, für Touristik.
Welche Institutionen bieten Fortbildungsmöglichkeiten an?	Die Industrie- und Handelskammer (IHK), Berufsverbände (z. B. Kücheverband, Verband der Serviermeister und Restaurantfachkräfte – VSR), Arbeitgeberverbände (DEHOGA und dessen Landesverbände), Hotelfachschulen, Fachhochschulen, Volkshochschulen, Fernlehrinstitute.

Bei welchen Institutionen können Sprachkurse belegt werden?	Bei Volkshochschulen, Privatschulen und Fernlehrinstitutionen.
Nennen Sie Beispiele für Bildungsangebote der IHK!	Die IHK organisiert Vorbereitungskurse auf die Meisterprüfungen und die Ausbildereignungsprüfung. Außerdem bietet sie Vorträge und Seminare über aktuelle Themen und im Bereich der neuen Medien an. Sie nimmt auch die Prüfungen ab.
Wozu soll die berufliche Fortbildung dienen?	Sie soll ermöglichen, die beruflichen Kenntnisse und Fertigkeiten zu erhalten, zu erweitern, der technischen Entwicklung anzupassen oder beruflich aufzusteigen.
Was soll berufliche Umschulung ermöglichen?	Sie soll zu einer anderen beruflichen Tätigkeit befähigen; die Menschen also wieder ins Berufsleben eingliedern.
In welchen Fällen können Umschulungsmaßnahmen durchgeführt werden?	Nach Unfällen und bei Berufskrankheiten. Sie können aber auch notwendig werden, wenn wirtschaftlich oder technische Entwicklungen einen Berufswechsel erzwingen (strukturelle Arbeitslosigkeit).
Von welchen Einrichtungen werden die Kosten für die Umschulung getragen?	Je nach Grund der Berufsunfähigkeit müssen die Rentenversicherung, die Berufsgenossenschaft oder die Bundesanstalt für Arbeit die Kosten tragen.

II. Arbeits- und Tarifrecht, Arbeitsschutz

Wesentliche Bereiche des Arbeitsvertrages und -rechts

Wer wird vom Arbeitsrecht erfasst?	Nur die Arbeitnehmer.
Wer gilt als Arbeitnehmer?	Personen, die aufgrund eines Arbeitsverhältnisses verpflichtet sind, im Dienste eines anderen weisungsgebundene, abhängige Arbeiten leisten, die Erwerbszwecken dienen.
Welche Personen gelten nicht als Arbeitnehmer?	Beamte, Richter, Soldaten, Selbständige, gesetzliche Vertreter juristischer Personen, mitarbeitende Gesellschafter, mithelfende Familienangehörige, Strafgefangene, Ordensangehörige, Heiminsassen, Sozialhilfeempfänger.
Als was gelten Angestellte und Arbeiter im öffentlichen Dienst?	Sie gelten im arbeitsrechtlichen Sinne als Arbeitnehmer.
Kommt es auf die Dauer der Beschäftigung an, um als Arbeitnehmer zu gelten?	Nein. Egal ob jemand dauernd, vorübergehend oder gelegentlich arbeitet bzw. einer Voll- oder Teilzeitarbeit nachgeht, dies ändert nichts an der Arbeitnehmereigenschaft.
Worin liegt der Unterschied zum Unternehmer?	Der Unternehmer leistet selbstbestimmte, der Arbeitnehmer fremdbestimmte Arbeit.
Arbeitsrechtlich gibt es zwei verschiedene Arbeitnehmer-Gruppen. Welche?	Angestellte und Arbeiter.

Wie kommt ein Arbeitsvertrag zustande?	Jeder Vertrag ist ein zweiseitiges Rechtsgeschäft. Daher bedarf es auch beim Arbeitsvertrag der zwei übereinstimmenden Willenserklärungen. In diesem Fall des Unternehmers und des Arbeitnehmers.
Welche arbeitsrechtliche Bedeutung hat die Stellenanzeige?	Eine Stellenanzeige ist noch kein Angebot, da sie sich an eine unbestimmte Zahl von Interessenten richtet. Sie stellt lediglich eine Aufforderung dar, sich zu bewerben, d. h. ein Angebot für einen Vertragsabschluss zu machen.
Welche Personenkreise können einen Arbeitsvertrag als Arbeitnehmer eingehen?	Nur voll und beschränkt geschäftsfähige Personen können einen Arbeitsvertrag abschließen. Letztere benötigen noch die Zustimmung des gesetzlichen Vertreters.
Gelten Formvorschriften für den Abschluss eines Arbeitsvertrages?	Nein. Es gilt der Grundsatz der Formfreiheit. Arbeitsverträge können auch mündlich oder durch schlüssiges Verhalten zustande kommen.
Für bestimmte Arbeitsverträge gilt aber die Schriftform. Nennen Sie solche!	Für Verträge mit Angestellten der Sozialversicherungen und bei den Berufsgenossenschaften. Für Berufsausbildungsverträge und wenn Tarifverträge dies vorschreiben.
Welche Hauptpflichten haben die Arbeitnehmer und Arbeitgeber aufgrund des Arbeitsvertrages? Erklären Sie dies kurz!	**Arbeitnehmer:** Arbeitspflicht; diese Pflicht ist grundsätzlich persönlich zu erfüllen; sie ist am vereinbarten Ort zu erfüllen und während der vereinbarten oder gesetzlich geregelten Arbeitszeit. Treuepflicht; sie gebietet dem Arbeitnehmer, sich nach besten Kräften für die Interessen des Arbeitgebers und des Betriebes einzusetzen,

Fortsetzung von Seite 60

z. B. Unterlassen von bestimmten Nebenbeschäftigungen, Wettbewerbsverbot und Schmiergeldverbot.

Arbeitgeber: Lohnzahlungspflicht; Lohn für Arbeiter, Gehalt für Angestellte und sonstige Entgelte wie Weihnachtsgeld, Urlaubsgeld, Vermögensbildung. Fürsorgepflicht; d. h. Schutz von Leben und Gesundheit, Haftung, Sorge für das Eigentum des Arbeitnehmers, Gleichbehandlung, Urlaubsgewährung.

Auf welche Rechtsgrundlagen kann man sich bezüglich der Lohn- bzw. Gehaltshöhe berufen?	Auf Gesetze, z. B. Heimarbeitergesetz und vor allem auf Tarifverträge.
Tariflöhne sind Mindestlöhne. Was bedeutet dies?	Der Arbeitgeber ist verpflichtet, mindestens den Tariflohn zu zahlen. Er kann mehr bezahlen, weniger als der Tariflohn darf nicht bezahlt werden.
Nennen Sie die gesetzliche Regelung über die Lohnfortzahlung im Krankheitsfall!	Der Arbeitnehmer wird bei unverschuldeter Arbeitsunfähigkeit bei Krankheit für 6 Wochen weiterbezahlt. Bei längerer Krankheit zahlt dann die Krankenkasse.
Nennen Sie weitere Beispiele, wann der Arbeitnehmer seinen Lohn fortgezahlt bekommt!	Der Arbeitnehmer bekommt auch dann seinen Lohn weiterbezahlt, wenn er unverschuldet an der Arbeitsleistung verhindert wird (z. B. Musterung), während des Erholungsurlaubs und für die Arbeitszeit, die infolge eines gesetzlichen Feiertages ausfällt.

Worin liegt der Unterschied zwischen Lohn und Gehalt?	Lohn wird das Entgelt des Arbeiters, Gehalt das Entgelt des Angestellten genannt. Der Lohn wird nach Stunden oder Stücken berechnet, das Gehalt bestimmt sich nach der Arbeitszeit, z. B. Monatsgehalt.
Neben den ausführenden Mitarbeitern (Angestellte und Arbeiter) gibt es noch die leitenden Angestellten. Welche Angestellten gehören Ihrer Meinung nach zu dieser Gruppe?	Prokuristen, Handlungsbevollmächtigte, Geschäftsführer, Betriebsleiter, Abteilungsleiter, Personalchefs, Direktoren.
Bei welcher Lohnform hängt die Höhe des Lohnes von der Leistung ab?	Dies ist beim Akkordlohn (Stücklohn) der Fall (Einzelakkord/Gruppenakkord).
In welchem Gesetz würden Sie nachschlagen, wenn Sie sich über den Mindesturlaub für Arbeitnehmer informieren möchten?	Im Bundesurlaubsgesetz.
Wie viele Tage beträgt der gesetzliche Mindesturlaub für Arbeitnehmer?	Er beträgt mindestens 24 Werktage (Werktage sind alle Kalendertage, die nicht Sonn- oder Feiertage sind).
Welche Urlaubsregelung gilt, wenn im Tarifvertrag für einen 40-jährigen Arbeitnehmer im 7. Beschäftigungsjahr 30 Werktage Jahresurlaub stehen?	Das Bundesurlaubsgesetz enthält nur Mindestbedingungen, die nach dem Grundsatz der Unabdingbarkeit durch tarifliche, betriebliche oder einzelvertragliche Regelungen verbessert werden können.

Zählen die arbeitsfreien Samstage und andere Wochentage bei der Urlaubszeitermittlung mit?	Ja, als Werktage gelten alle Kalendertage, die nicht Sonn- oder gesetzliche Feiertage sind.
Wie lange muss ein Arbeitnehmer in einem Betrieb beschäftigt sein, um erstmals Anspruch auf Urlaub zu haben?	Der volle Urlaubsanspruch wird erstmalig bei einer Betriebszugehörigkeit von mindestens 6 Monaten erworben.
Wann ist der Urlaub zu gewähren?	Der Urlaub muss im laufenden Kalenderjahr gewährt und genommen werden. Liegen dringende betriebliche oder in der Person des Arbeitnehmers liegende Gründe vor, kann der Urlaub auf das nächste Kalenderjahr übertragen werden. Er muss dann in den ersten 3 Monaten des folgenden Jahres gewährt und genommen werden.
Darf der Urlaub abgegolten werden?	Kann der Urlaub wegen Beendigung des Abeitsverhältnisses ganz oder teilweise nicht mehr gewährt werden, ist er abzugelten. Dies gilt nicht, wenn der Arbeitnehmer das Arbeitsverhältnis unberechtigt vorzeitig gelöst hat oder wenn ihm berechtigterweise fristlos gekündigt wurde.
Ein Arbeitnehmer will während des Urlaubs einer Erwerbstätigkeit nachgehen. Darf er das?	Er darf während des Urlaubs keiner Erwerbstätigkeit nachgehen, die dem Urlaubszweck widerspricht.
Womit wird Ihrer Meinung nach die Gewährung eines Urlaubs begründet?	Der Urlaub sollte zur Erholung und Regeneration der Arbeitskraft und der Lebensfreude dienen.

Ein Arbeitnehmer erkrankt während des Urlaubs. Er kann dies durch ein ärztliches Zeugnis belegen. Hat dies Auswirkungen auf die Anzahl der Urlaubstage?	Wenn der Arbeitnehmer durch ein ärztliches Zeugnis seine Arbeitsunfähigkeit nachweisen kann, werden diese Tage auf den Jahresurlaub nicht angerechnet. Der Arbeitnehmer darf aber seinen angetretenen Urlaub um diese Tage nicht eigenmächtig verlängern.
Ein Arbeitnehmer geht für 4 Wochen zur Kur. Der Arbeitgeber will ihm diese Zeit auf den Urlaub anrechnen. Darf er das?	Nein, soweit ein Anspruch auf Fortzahlung des Arbeitsentgelts nach der gesetzlichen Lohnfortzahlung im Krankheitsfalle besteht.
Welches ist die Bemessungsgrundlage für das Urlaubsentgelt?	Das Urlaubsentgelt bemisst sich nach dem durchschnittlichen Arbeitsverdienst, den der Arbeitnehmer in den letzten 13 Wochen vor Beginn des Urlaubs erhalten hat. Erfolgt in dieser Zeit oder während des Urlaubs eine Verdiensterhöhung, ist von diesem erhöhten Verdienst auszugehen. Verdienstkürzungen bleiben außer Betracht.
Wann ist das Urlaubsentgelt auszuzahlen?	Es ist vor Antritt des Urlaubs auszuzahlen.
Nennen Sie weitere Gesetze, die wichtige Urlaubsregelungen enthalten!	Das Schwerbeschädigtengesetz, das Arbeitsplatzschutzgesetz und das Jugendarbeitsschutzgesetz.

Wesentliche Bereiche des Arbeitsschutzes

Für welche Beschäftigte gilt das Arbeitszeitgesetz?	Es gilt für alle Arbeitnehmer (Arbeiter und Angestellte, außer z. B. leitende Angestellte) sowie die zu ihrer Berufsbildung Beschäftigten.
Welchen Zweck soll dieses Gesetz erfüllen?	Zweck des Gesetzes ist es, die Sicherheit und den Gesundheitsschutz der Arbeitnehmer bei der Arbeitszeitgestaltung zu gewährleisten und die Rahmenbedingungen für flexible Arbeitszeiten zu verbessern, sowie den Sonntag und die staatlich anerkannten Feiertage als Tage der Arbeitsruhe und der seelischen Erhebung der Arbeitnehmer zu schützen.
Beschreiben Sie kurz die wesentlichen Regelungen des Arbeitszeitgesetzes zu folgenden Begriffen:	
– Arbeitszeit:	Sie ist die Zeit vom Beginn bis zum Ende der Arbeit ohne Ruhepausen; Waschen und Umkleiden gehören also nicht zur Arbeitszeit, wohl aber Fertigmachen und Aufräumen des Arbeitsplatzes.
– Nachtzeit:	Zeit von 23 – 6 Uhr; in Bäckereien und Konditoreien die Zeit von 22 – 5 Uhr.
– Nachtarbeit:	Jede Arbeit, die mehr als 2 Stunden der Nachtzeit umfasst.
– Nachtarbeitnehmer:	Arbeitnehmer, die aufgrund ihrer Arbeitszeitgestaltung normalerweise Nachtarbeit in Wechselschicht zu leisten haben oder Nachtarbeit an mindestens 48 Tagen im Kalenderjahr leisten.
– Ruhepausen:	Mindestens 30 Minuten bei einer Arbeitszeit von mehr als 6 bis zu

Fortsetzung von Seite 65 9 Stunden und 45 Minuten bei einer Arbeitszeit von mehr als 9 Stunden. Aufteilung in Pausen von mindestens 15 Minuten möglich, länger als 6 Stunden hintereinander dürfen Arbeitnehmer nicht ohne Ruhepausen beschäftigt werden.

– Ruhezeit: Zeit von Beendigung der täglichen Arbeitszeit bis zur Wiederaufnahme der Arbeit; mindestens 11 Stunden. Im Gastgewerbe (u. a.) kann sie um eine Stunde verkürzt werden (aber Ausgleich innerhalb eines Monats).

– Nachtarbeit: Grundsätzlich dürfen 8 Stunden nicht überschritten werden.

– Sonn-/Feiertagsruhe: Arbeitnehmer dürfen grundsätzlich an Sonn- und gesetzlichen Feiertagen von 0–24 Uhr nicht beschäftigt werden (Ausnahme z. B. in der Gastronomie). Mindestens 15 Sonntage im Jahr müssen beschäftigungsfrei bleiben.

Ist der Arbeitnehmer verpflichtet, Überstunden und Mehrarbeit zu leisten? Soweit sie nach der Arbeitszeitordnung zulässig sind, richtet sich die Verpflichtung nur nach tarifvertraglichen, betrieblichen oder einzelvertraglichen Vereinbarungen.

Wie kann sich ein Arbeitnehmer im Betrieb über das Arbeitszeitgesetz informieren? Der Arbeitgeber ist verpflichtet, einen Abdruck dieses Gesetzes, der aufgrund dieses Gesetzes erlassenen, für den Betrieb geltenden Rechtsverordnungen und der für den Betrieb geltenden Tarifverträge und Betriebsvereinbarungen an geeigneter Stelle im Betrieb zur Einsichtnahme auszulegen oder auszuhängen.

Wer kontrolliert die Einhaltung dieser Vorschriften? Gewerbeaufsichtsamt, Landkreisbehörden.

Wann endet ein unbefristetes Arbeitsverhältnis?	Es endet mit der wirksamen Kündigung, d. h. entweder mit Ablauf der Kündigungsfrist (ordentliche Kündigung) oder durch fristlose Kündigung, wenn die Fortsetzung des Arbeitsverhältnisses bis zum Ende der Kündigungsfrist unzumutbar ist (außerordentliche Kündigung).

Nennen Sie die Kündigungsfristen für Arbeitnehmer (Arbeiter und Angestellte)!	Während der Probezeit (maximal 6 Monate) beträgt die Kündigungsfrist 2 Wochen. Grundsätzlich beträgt die Kündigungsfrist (= Grundkündigungsfrist) 4 Wochen (zum 15. oder zum Ende des Kalendermonats). Nach einer Betriebszugehörigkeit von ... Jahren mit einer Frist von ...
	  2 Jahren: 1 Monat
	  5 Jahren: 2 Monate
	  8 Jahren: 3 Monate
	  10 Jahren: 4 Monate
	  12 Jahren: 5 Monate
	  15 Jahren: 6 Monate
	  20 Jahren: 7 Monate
	jeweils zum Monatsende. Berechnet wird die Betriebszugehörigkeit vom 25. Lebensjahr an. Die Tarifpartner bleiben in der Gestaltung der Kündigungsfristen frei. Der gesetzliche Kündigungsschutz bleibt unberührt.

Welche Bedingungen müssen gegeben sein, damit das Kündigungsschutzgesetz gilt?	Der allgemeine Kündigungsschutz gilt für alle Arbeitnehmer, auf die folgende 2 Bedingungen zutreffen: – Der AN ist zum Zeitpunkt der Kündigung länger als 6 Monate ohne Unterbrechung in demselben Unternehmen und Verwaltung beschäftigt.

Fortsetzung von Seite 67	– Der Betrieb beschäftigt mehr als 10 vollzeitbeschäftigte AN (Azubis zählen nicht mit). Beschäftigungsverhältnisse, die bereits 2003 bestanden, sind von der Neuregelung nicht betroffen (Regelung wie bisher: 5 AN).
Ein Hotel beschäftigt 3 Vollzeitkräfte, 2 Teilzeitkräfte mit je 30 Wochenstunden, eine Teilzeitkraft mit 15 und eine mit 12 Wochenstunden. Gilt für diesen Betrieb das Kündigungsschutzgesetz?	Ja, das Kündigungsschutzgesetz findet Anwendung. Für die Feststellung der Zahl der beschäftigten Arbeitnehmer gilt: es sind $(3 + 2 \times 0,75 + 2 \times 0,5) = 5,5$ Arbeitnehmer beschäftigt.
In welcher Form muss eine Kündigung erfolgen?	Jede Kündigung muss schriftlich erfolgen.
Wann ist eine Kündigung des Arbeitgebers unwirksam?	Die Kündigung des Arbeitgebers ist unwirksam, wenn sie sozial ungerechtfertigt ist oder nur mündlich abgegeben wurde.
Was bedeutet die Aussage „sozial ungerechtfertigt"?	Dies bedeutet, dass keine Gründe in der Person oder dem Verhalten des Arbeitnehmers vorliegen, oder die Kündigung durch keine dringenden betrieblichen Erfordernisse bedingt ist.
Wann ist ferner eine Kündigung sozial ungerechtfertigt?	Eine Kündigung ist sozial ungerechtfertigt, wenn – sie aus betrieblichen Gründen erfolgte und hier soziale Gesichtspunkte nicht genügend berücksichtigt wurden (z. B. Verheiratete statt Ledige werden gekündigt). – der Arbeitnehmer an einem

Fortsetzung von Seite 68

anderen Arbeitsplatz im selben Betrieb oder in einem anderen Betrieb des Unternehmens weiterbeschäftigt werden könnte –

die Weiterbeschäftigung des Arbeitnehmers nach zumutbaren Umschulungs- und Fortbildungsmaßnahmen möglich wäre oder

– eine Weiterbeschäftigung des Arbeitnehmers unter geänderten Arbeitsbedingungen möglich wäre und der Arbeitnehmer sein Einverständnis hierzu erklärt hat und

– wenn der Betriebsrat fristgerecht widersprochen hat.

Welche Kündigungen fallen nicht unter das Kriterium „sozial ungerechtfertigt"?	Es sind dies Kündigungen von Arbeitnehmern, die noch keine 6 Monate im Betrieb gearbeitet haben und wenn sie von Betrieben mit regelmäßig weniger als 5 Arbeitnehmern (ohne Auszubildende) ausgesprochen wird.
Was ist eine Änderungskündigung?	Dies ist eine Kündigung des Arbeitsverhältnisses, verbunden mit dem Angebot, den Arbeitsplatz unter geänderten Bedingungen beizubehalten.
Wann spricht man von Massenentlassungen?	Massenentlassungen betreffen nur Betriebe mit mehr als 20 Arbeitnehmern, die mehr als 5 Arbeitnehmer (abhängig von der Betriebsgröße) innerhalb von 30 Kalendertagen entlassen wollen. Hierzu ist das Arbeitsamt zu informieren und der Betriebsrat zu befragen. Das Arbeitsamt muss zustimmen, kann aber eine Entlassung nicht verhindern, höchstens hinausschieben.

Wann ist eine Kündigung vonseiten des Arbeitgebers gerechtfertigt?	Bei Vorlage eines wichtigen Grundes. Gründe, die in der Person oder dem Verhalten des Arbeitnehmers liegen: Mangelnde körperliche und geistige Eignung, permanente Unpünktlichkeit, Querulantentum, Verstoß gegen die Treuepflicht, Unzuverlässigkeit. Bei dringenden betrieblichen Gründen: Betriebsstilllegung, Einschränkung des Betriebes, mangelnder Auftragsbestand.
Welche Gründe berechtigen Ihrer Meinung nach den Arbeitgeber zu einer fristlosen Kündigung?	Mögliche Gründe: Körperverletzung, schwere Beleidigung, Diebstahl, Betrug, Unterschlagung, permanente Arbeitsverweigerung, vorsätzliche Sachbeschädigung.
Wohin kann sich der Arbeitnehmer wenden, wenn er der Ansicht ist, dass die Kündigung ungerechtfertigt ist?	Er kann sich an den Betriebsrat (innerhalb einer Woche) und an das Arbeitsgericht (innerhalb 3 Wochen) wenden.
Ist eine Kündigung ohne vorherige Information des Betriebsrates wirksam?	Nein, eine ohne Anhörung des Betriebsrates ausgesprochene Kündigung ist unwirksam.
Ein Arbeitnehmer gewinnt einen Arbeitsgerichtsprozess. Die Weiterbeschäftigung im bisherigen Betrieb ist ihm nicht mehr zumutbar. Was kann dem Arbeitnehmer zugesprochen werden?	Ihm kann eine Abfindung bis zu 12 Monatsverdiensten zugesprochen werden; ab 50 Jahre und mindestens 15 Jahre im Betrieb: bis 15 Monatsverdienste; ab 55 Jahre und mindestens 20 Jahre im Betrieb: bis 18 Monatsverdienste.

Nennen Sie wesentliche gesetzliche Grundlagen bezüglich Kündigungsschutz!	Bürgerliches Gesetzbuch (BGB) Kündigungsschutzgesetz (KSchG), Mutterschutzgesetz, Schwerbehindertengesetz, Berufsbildungsgesetz, Angestelltenfristengesetz.
Welche Personengruppen genießen einen besonderen Kündigungsschutz?	Langjährige Mitarbeiter, Schwerbeschädigte, Betriebsräte, Jugendvertreter, Auszubildende nach der Probezeit, Wehrdienstleistende, Frauen während der Schwangerschaft und nach der Entbindung.
Worin besteht die Aufgabe des Jugendarbeitsschutzgesetzes?	Kinder und Jugendliche sollen vor Überforderung und Gefahren am Ausbildungs- und Arbeitsplatz (Beeinträchtigungen ihrer körperlichen, geistigen und seelischen Entwicklung) geschützt werden. Ärztliche Betreuung und ausreichende Freizeit zur Erholung und Entfaltung ihrer Persönlichkeit sollen sichergestellt werden.
Für welchen Personenkreis gilt dieses Gesetz?	Es gilt für die Beschäftigung von Kindern (unter 15 Jahre), Jugendlichen, die der Vollzeitschulpflicht unterliegen und andere Jugendliche unter 18 Jahre.
Wie ist die Beschäftigung von Kindern geregelt?	Die Beschäftigung von Kindern und vollzeitschulpflichtigen Jugendlichen ist grundsätzlich verboten. Dieses Verbot gilt nur dann nicht, wenn Kinder zum Zwecke der Beschäftigungs- und Arbeitstherapie, im Rahmen eines Betriebspraktikums während der Vollzeitschulpflicht und in Erfüllung einer richterlichen Weisung tätig sind. Das Verbot gilt auch nicht für die Beschäftigung von

Fortsetzung von Seite 71

	Kindern über 13 Jahre in landwirtschaftlichen Familienbetrieben bis zu 3 Stunden täglich und mit Einwilligung des Personensorgeberechtigten, soweit die Beschäftigung leicht und für Kinder geeignet ist und nicht mehr als 2 Stunden beträgt (z. B. Austragen von Werbeprospekten, Zeitungen).
Welche Beschäftigungen sind grundsätzlich für Jugendliche verboten?	Verboten sind Akkord- und Fließbandarbeiten, jegliche Art von gefährlicher Arbeit, Arbeit unter Tage.
Wie lange beträgt die tägliche und wöchentliche Arbeitszeit von Jugendlichen?	Die Arbeitszeit der Jugendlichen soll nur 8 Stunden täglich und 40 Stunden wöchentlich betragen.
Welche Zeit versteht das Jugendarbeitsschutzgesetz unter Schichtzeit?	Die Schichtzeit ist die tägliche Arbeitszeit unter Hinzurechnung der Ruhepausen.
Wie lange darf die Schichtzeit für Jugendliche grundsätzlich und speziell im Gastgewerbe dauern?	Grundsätzlich darf sie nur 10 Stunden betragen; im Gastgewerbe höchstens 11 Stunden.
An wie viel Tagen in der Woche dürfen Jugendliche beschäftigt werden?	Jugendliche dürfen nur an 5 Tagen in der Woche beschäftigt werden. Die beiden wöchentlichen Ruhetage sollen nach Möglichkeit aufeinander folgen.
Was ist bei Beschäftigung von Jugendlichen an Wochenenden und Feiertagen zu beachten?	Grundsätzlich ist die Beschäftigung im Gastgewerbe erlaubt. Mindestens 2 Samstage im Monat sollen aber beschäftigungsfrei bleiben. Jeder 2. Sonntag soll, mindestens 2 Sonntage im Monat müssen be-

Fortsetzung von Seite 72

schäftigungsfrei bleiben. Die 5-Tage-Woche ist stets durch Freistellung an einem anderen berufsschulfreien Tag sicherzustellen.

An welchen Tagen dürfen Jugendliche überhaupt nicht beschäftigt werden?	Am Heiligen Abend (ab 14 Uhr), am 1. und 2. Weihnachtsfeiertag, am 31. 12. (ab 14 Uhr), am 1. Januar, am 1. Osterfeiertag und am 1. Mai.
Innerhalb welcher Zeit dürfen Jugendliche grundsätzlich am Tag beschäftigt werden?	Grundsätzlich dürfen Jugendliche nur in der Zeit von 6.00–20.00 Uhr beschäftigt werden.
Bis zu welcher Uhrzeit dürfen Jugendliche über 16 Jahren im Gastgewerbe am Tag beschäftigt werden?	Bis 22.00 Uhr. Nach vorheriger Anzeige an das Gewerbeaufsichtsamt: in mehrschichtigen Betrieben ab 5.30 Uhr oder bis 23.30 Uhr.
Wie viele Stunden muss die tägliche Freizeit für Jugendliche betragen?	Nach Beendigung der täglichen Arbeit dürfen sie nicht vor Ablauf einer ununterbrochenen Freizeit von mindestens 12 Stunden beschäftigt werden.
Nennen Sie die Urlaubsregelung für Jugendliche!	15-jährige: 30 Werktage 16-jährige: 27 Werktage 17-jährige: 25 Werktage Entscheidend ist das Alter zu Beginn des Kalenderjahres.
Wie lange darf ein Jugendlicher ohne Pause beschäftigt werden?	Er darf 4,5 Stunden ohne Pause beschäftigt werden.
Wie lange müssen Arbeitsunterbrechungen dauern, um als Ruhepausen zu gelten?	Als Ruhepausen gelten nur Arbeitsunterbrechungen von mindestens 15 Minuten.

Wie lange muss die Pause bei einer Arbeitszeit von mehr als 6 Stunden dauern?	60 Minuten.
Welche Vorschriften gelten hinsichtlich der ärztlichen Untersuchungen?	Vor Beginn des Beschäftigungsverhältnisses ist der Jugendliche ärztlich zu untersuchen; eine Nachuntersuchung ist innerhalb von 12 Monaten nach Aufnahme der Beschäftigung vorgeschrieben.
Wie lange darf die Erstuntersuchung zurückliegen?	Sie muss innerhalb der letzten 14 Monate vor Beginn der Beschäftigung durchgeführt worden sein.
Wie viele Unterrichtsstunden muss der Berufsschulunterricht dauern, um als voller Arbeitstag gerechnet zu werden?	Wenn er mehr als 5 Unterrichtsstunden von mindestens 45 Minuten Dauer – einmal in der Woche – beträgt.
Wann muss der Berufsschulunterricht spätestens beginnen, damit der Arbeitgeber den Jugendlichen vorher nicht beschäftigen darf?	Der Arbeitgeber darf den Jugendlichen nicht beschäftigen, wenn der Unterricht vor 9.00 Uhr beginnt, dies gilt auch für Personen über 18 Jahre, wenn sie noch berufsschulpflichtig sind.
Wie ist die Regelung bei Blockunterricht?	In Berufsschulwochen mit einem planmäßigen Blockunterricht von mindestens 25 Stunden an mindestens 5 Tagen dürfen Jugendliche nicht beschäftigt werden, zusätzliche betriebliche Ausbildungsveranstaltungen bis zu 2 Stunden wöchentlich sind zulässig.

Welche Stelle kontrolliert die Einhaltung des Jugendarbeitsschutzgesetzes?	Das zuständige Gewerbeaufsichtsamt.
Mit welchen Strafen kann ein Arbeitgeber belegt werden, wenn er gegen das Jugendarbeitsschutzgesetz verstößt?	Wer als Arbeitgeber vorsätzlich oder fahrlässig gegen diese Vorschriften verstößt, handelt ordnungswidrig und kann mit einer Geldbuße bis zu 15.000 € belegt werden. Vorsätzliche Verstöße, durch die Kinder oder Jugendliche in ihrer Gesundheit oder Arbeitskraft gefährdet werden, können mit Freiheitsstrafen bis zu einem Jahr oder mit Geldstrafe bestraft werden.
Für welche Frauen gilt das Mutterschutzgesetz?	Dieses Gesetz gilt für Frauen, die in einem Arbeitsverhältnis stehen und für in der Heimarbeit Beschäftigte.
Nennen Sie die Beschäftigungsverbote für werdende Mütter!	Werdende Mütter dürfen nicht beschäftigt werden, soweit nach ärztlichem Zeugnis Leben oder Gesundheit von Mutter und Kind bei Fortdauer der Beschäftigung gefährdet ist; sie dürfen ferner für die Zeit von 6 Wochen vor dem voraussichtlichen Termin und 8 Wochen nach der Niederkunft (bei Früh- und Mehrlingsgeburten 12 Wochen) nicht beschäftigt werden; sie dürfen nicht mit Mehr-, Nacht-, Akkordarbeit und nicht an Sonn- und Feiertagen beschäftigt werden sowie keine schweren körperlichen und gesundheitsgefährdenden Arbeiten verrichten.

Wann gelten Menschen als Behinderte?	Menschen sind behindert, wenn ihre körperliche Funktion, geistige Fähigkeit oder seelische Gesundheit mit hoher Wahrscheinlichkeit länger als 6 Monate von dem für das Lebensalter typischen Zustand abweichen und daher ihre Teilhabe am Leben in der Gesellschaft beeinträchtigt ist. Menschen sind schwerbehindert, wenn bei ihnen ein Grad der Behinderung von wenigstens 50 vorliegt (und gleichgestellte behinderte Menschen).
Arbeitgeber sind verpflichtet, schwerbehinderte Menschen zu beschäftigen. Nennen Sie die Regelungen!	Private und öffentliche Arbeitgeber mit mindestens 20 Arbeitsplätzen (außer Ausbildungsplätze) haben auf wenigstens 5 % der Arbeitsplätze schwerbehinderte Menschen zu beschäftigen. Dabei sind schwerbehinderte Frauen besonders zu berücksichtigen.
Wann hat der Arbeitgeber eine Ausgleichsabgabe zu bezahlen?	Solange Arbeitgeber die vorgeschriebene Zahl von schwerbehinderten Menschen nicht beschäftigen, entrichten sie für jeden unbesetzten Pflichtarbeitsplatz für schwerbehinderte Menschen monatlich eine Ausgleichsabgabe. Diese Zahlung hebt aber die Pflicht zur Beschäftigung solcher Menschen nicht auf.
Neben dem sozialen gibt es noch den technischen Arbeitsschutz. Welche Ziele verfolgt der technische Arbeitsschutz?	Der technische Arbeitsschutz hat es sich zum Ziel gesetzt, Arbeitsunfälle und Berufskrankheiten zu verhüten.

Nennen Sie rechtliche Grundlagen des technischen Arbeitsschutzes! Geben Sie kurze Erläuterungen dazu!	Arbeitsstättenverordnung: Sie schreibt vor, wie der Arbeitsplatz nach modernen Erkenntnissen menschengerecht gestaltet werden muss. Maschinenschutzgesetz: Es verpflichtet die Hersteller der technischen Arbeitsmittel, diese möglichst sicher zu bauen. Arbeitsstoffordnung: Giftige, ätzende und andere gefährliche Stoffe müssen besonders gekennzeichnet und behandelt werden. Arbeitssicherheitsgesetz: Hier ist u. a. festgelegt, unter welchen Bedingungen Betriebe Betriebsärzte und Sicherheitsbeauftragte zu benennen haben.
Wer uberwacht die Durchführung und Einhaltung der Arbeitsschutzgesetze?	Das Gewerbeaufsichtsamt.

Bedeutung und Aufgabe von Tarifverträgen und des Tarifrechts

Was ist unter Tarifautonomie zu verstehen?	Das verfassungsmäßige Recht der Tarifpartner, frei (= autonom), d. h. ohne staatliche Anweisungen, verbindliche Rechtsformen zu schaffen, die Tariflöhne und sonstige Arbeitsbedingungen betreffen.
Tarifautonomie ist ein Grundrecht. In welchem Artikel des Grundgesetzes ist sie festgeschrieben?	Im Grundgesetz Artikel 9 (3): „Das Recht, zur Wahrung und Förderung der Arbeits- und Wirtschaftsbedingungen Vereinigungen zu bilden, ist für jedermann und für alle Berufe gewährleistet."

Wen bezeichnet man als Tarifpartner?	Die jeweiligen Arbeitgeberverbände und Gewerkschaften.
Statt Tarifpartner wird oftmals noch ein anderer Begriff verwendet. Welcher?	Sozialpartner.
Worüber verhandeln die Tarifpartner ganz allgemein?	Sie verhandeln über Arbeits- und Wirtschaftsbedingungen.
Wer sind die Tarifpartner im Hotel- und Gaststättengewerbe?	Die Arbeitgeberseite wird vom DEHOGA bzw. vom jeweiligen Landesverband vertreten; die Arbeitnehmerseite von der NGG (= Gewerkschaft Nahrung, Genuss und Gaststätten).
Welche Arten von Tarifverträgen werden unterschieden?	Rahmen- bzw. Manteltarifvertrag, Entgelttarifvertrag und Sondertarifvertrag, z. B. bezüglich Vermögensbildung und Altersvorsorge.
Welche Regelungen werden in Manteltarifverträgen getroffen?	In diesen Tarifverträgen werden grundsätzliche Regelungen festgehalten wie Einstellung und Probezeit, Arbeitszeit, Kündigung, Entlohnungsgrundsätze, Urlaub und Urlaubsgeld, Weihnachtsgeld.
Was wird im Lohn- und Gehaltstarifvertrag geregelt?	Löhne und Gehälter für das jeweilige Personal (festbesoldetes, Bedienungspersonal, Aushilfspersonal), Ausbildungsvergütung, Sonntagszuschlag für Auszubildende.
Was bedeutet die Aussage: „Tarifverträge enthalten Mindestregelungen"?	Der Arbeitgeber ist verpflichtet, dem Arbeitnehmer mindestens die tariflichen Leistungen zukommen zu lassen, z. B. Lohn, Urlaub. Er kann mehr gewähren, weniger ist nicht erlaubt.

Wie lange haben die Tarifverträge normalerweise Gültigkeit?	Mantel- und Sondertarifverträge bleiben meist mehrere Jahre unverändert; Entgelttarifverträge haben im Allgemeinen eine Laufzeit von einem Jahr.
In welcher Form werden Tarifverträge abgeschlossen?	Tarifverträge bedürfen der Schriftform.
Wo sind die „Spielregeln" für das Verhältnis zwischen der Gewerkschaft und dem Arbeitgeberverband festgeschrieben?	Im Tarifvertragsgesetz, aber auch in den Satzungen der Gewerkschaften und Arbeitgeberverbände.
Was ist, im Zusammenhang mit Tarifverträgen, unter der „Friedenspflicht" zu verstehen?	Die Friedenspflicht leitet sich aus dem Grundsatz der Vertragstreue ab. Es ist demnach untersagt, während der Laufzeit von Tarifverträgen, Kampfmaßnahmen über tarifliche Fragen zu unternehmen.
Für wen gelten die Tarifverträge?	Die Tarifverträge gelten für die Mitglieder der Tarifvertragsparteien und für Arbeitgeber, die selbst Partei des Tarifvertrages sind.
Die Tarifverträge werden meist allgemeinverbindlich erklärt. Was heißt das?	Mit der Allgemeinverbindlichkeitserklärung erfassen die Rechtsnormen des Tarifvertrages in seinem Geltungsbereich auch die bisher nicht tarifgebundenen Arbeitgeber und Arbeitnehmer.
Wer kann die Tarifverträge allgemeinverbindlich erklären?	Der Bundesminister für Arbeit- und Sozialordnung kann einen Tarifvertrag im Einvernehmen mit Spitzenvertretern der Tarifpartner für allgemeinverbindlich erklären, wenn dies im öffentlichen Interesse geboten erscheint.

Tarifverträge können auf 3 Wegen zustande- kommen. Beschreiben Sie kurz diese Wege!	Der kürzeste und schnellste Weg ist, dass sich die Tarifpartner gleich bei ihren ersten Verhandlungen einigen. Ist einer der Partner mit dem Ergebnis nicht zufrieden, erklärt er das Scheitern der Ver- handlungen. Oftmals wird nun ein unparteiischer Schlichter einge- schaltet. Akzeptieren die Partner dessen Kompromissvorschlag, kommt nun ein Tarifvertrag zustande. Scheitert aber die Schlichtung, kommt es meist zu Kampfmaßnahmen, weiteren Verhandlungen und erst dann zu einem neuen Tarifvertrag.
Wann kommt es zum Streik?	Nachdem die Schlichtung scheitert, kommt es bei den Arbeitnehmern zur Urabstimmung über Kampf- maßnahmen. Wenn mindestens 75 % der Gewerkschaftsmitglieder im Tarifgebiet einem Streik zustim- men, darf er ausgerufen werden.
Welches Ziel wird durch einen Streik verfolgt?	Ziel eines Streikes ist es, durch den Produktionsausfall den oder die Arbeitgeber zu zwingen, auf die Forderungen der Gewerkschaft einzugehen.
Erklären Sie:	
– Wilder Streik	Dieser wird von den Arbeitneh- mern eines Betriebes oder mehrerer Betriebe ohne Abstimmung in der Gewerkschaft allein durchgeführt.
– Teil-Streik	Er ergreift nur einen Teil der Ar- beitnehmer eines Betriebes oder nur einen Teil der Betriebe, gegen die sich die Streikforderung richtet.
– Schwerpunkt-Streik	Hier werden schwerpunktmäßig einzelne ausgewählte Betriebe eines

Fortsetzung von Seite 80 | Tarifbezirks bestreikt, z. B. wichtige Zulieferbetriebe.

– Sympathie-Streik | Wird zugunsten der Arbeitnehmer eines anderen Betriebes organisiert.

– General-Streik | Er hat die Lahmlegung aller oder der lebenswichtigen Betriebe eines Landes oder eines Gebietes zur Folge.

– Warnstreik | Die AN legen nach Vorankündigung für ein paar Stunden die Arbeit nieder, versammeln sich inner- oder außerhalb der Werkshalle um dort ihre Forderungen zu verkünden.

– Bummelstreik | Montagebänder und Maschinen laufen so lange wesentlich langsamer, bis ein bestimmter Missstand behoben ist.

Wann kommt es zum Ende eines normalen Streiks? | Der Streik wird beendet, wenn mindestens 25 % der Gewerkschaftsmitglieder im Tarifgebiet in einer neuen Urabstimmung zustimmen.

Welche Gegenwaffe zum Streik haben die Arbeitgeber? | Sie haben die Möglichkeit zur Aussperrung, d. h. Arbeitnehmern bestreikter und nichtbestreikter Betriebe wird vorübergehend der Zugang zu den Arbeitsplätzen verweigert. Die Arbeitgeber zahlen in dieser Zeit keinen Lohn.

Was wollen die Arbeitgeber mit der Aussperrung erreichen? | Die Arbeitgeber gehen davon aus, dass die Arbeitnehmer kein Interesse daran haben, ihre Existenzgrundlage zu verlieren und deshalb eher verhandlungsbereit sind.

Als Schlichter werden meist neutrale Fachleute ausgewählt. Welche Personen werden bevorzugt?	Schlichter sind oftmals Landesarbeitsminister oder ehemalige Minister, wie z. B. Georg Leber (ehemaliger Arbeits- und Verteidigungsminister) bei den Metalltarifverhandlungen 1984.

III. Betriebliche Mitbestimmung

Mitwirkungs- und Mitbestimmungsmöglichkeiten des Arbeitnehmers im Betrieb

In welchem Gesetz sind die Beziehungen zwischen Arbeitgeber, Arbeitnehmer und Betriebsrat geregelt?	Im Betriebsverfassungsgesetz (BVG).
Für welche Betriebe gilt das BVG?	Es gilt für Privatbetriebe, sofern nicht Gesellschaft oder Genossenschaft mit mehr als 2.000 Beschäftigten.
Zwischen Arbeitgeber und Arbeitnehmer kann es zu Konflikten kommen. Welche Individualrechte hat der Arbeitnehmer nach dem BVG?	Der Arbeitnehmer ist vom Arbeitgeber über seine Aufgabe und Verantwortung sowie über die Art seiner Tätigkeit und die Einordnung in den Arbeitsablauf des Betriebes zu unterrichten. Er hat das Recht, in betrieblichen Angelegenheiten, die seine Person betreffen, gehört zu werden. Des Weiteren hat er das Recht, in die über ihn geführte Personalakte Einsicht zu nehmen und Erklärungen dazu abzugeben. Ferner steht ihm das Recht der Beschwerde zu, wenn er sich vom Arbeitgeber oder von Arbeitnehmern des Betriebes benachteiligt oder ungerecht behandelt oder in sonst einer Weise beeinträchtigt fühlt.

Was regelt das BVG?	Es regelt die Mitbestimmung und Mitwirkung der Arbeitnehmer.
Durch welches Organ kann der Arbeitnehmer im Betrieb mitbestimmen?	Durch den Betriebsrat.
Welche Arbeitnehmer sind zum Betriebsrat wahlberechtigt?	Wahlberechtigt sind alle Arbeitnehmer, die das 18. Lebensjahr vollendet haben.
Welche Arbeitnehmer sind zum Betriebsrat wählbar?	Wählbar sind alle Wahlberechtigten, die mindestens 6 Monate dem Betrieb angehören.
Aus wie viel Personen setzt sich der Betriebsrat eines Betriebes bis zu 20 wahlberechtigten Arbeitnehmern zusammen?	Betriebe dieser Größenordnung haben nur einen „Ein-Mann-Betriebsrat". Dieser Betriebsrat wird Betriebsobmann genannt.
Das BVG hat die Einrichtung eines Betriebsrates an eine Mindestbeschäftigtenzahl geknüpft. Nennen Sie die Regelung!	Ein Betriebsrat kann gewählt werden in Betrieben mit mindestens 5 wahlberechtigten Arbeitnehmern, von denen mindestens 3 wählbar sind.
Welche Arbeitnehmer sind für die Betriebsratswahl nicht wahlberechtigt?	Arbeitnehmer und Auszubildende, die noch nicht 18 Jahre alt sind; nicht angestellte Außendienstmitarbeiter; leitende Angestellte; mitarbeitende Familienmitglieder; freie Mitarbeiter; Leiharbeitnehmer; vorübergehend beschäftigte Aushilfskräfte; geschäftsführende Gesellschafter.
In welchen Zeitabständen finden Betriebsratswahlen statt?	Die regelmäßigen Betriebsratswahlen finden alle 4 Jahre in der Zeit vom 1. März bis 31. Mai statt.

In welcher Form wird der Betriebsrat gewählt?	Er wird in geheimer und unmittelbarer Wahl gewählt.
Welche allgemeinen Aufgaben hat der Betriebsrat?	Der Betriebsrat vertritt die Interessen der Arbeitnehmer gegenüber dem Arbeitgeber. Er hat u. a. darüber zu wachen, dass Gesetze, Verordnungen, Unfallverhütungsvorschriften, Tarifverträge und Betriebsversammlungen durchgeführt werden. Ferner hat er die Wahl einer Jugendvertretung vorzubereiten und durchzuführen und Maßnahmen für die Arbeitnehmer beim Arbeitgeber zu beantragen.
Der Betriebsrat hat Mitbestimmungs- und Mitwirkungsrechte. Worin liegt Ihrer Meinung nach der Unterschied?	Mitbestimmung heißt, dass die Zustimmung des Betriebsrates gegeben sein muss, damit eine entsprechende Maßnahme durchgeführt werden kann. Mitwirkung bedeutet, dass der Betriebsrat nur ein Informations- und Beratungsrecht hat.
In welchen (allgemeinen) Angelegenheiten hat der Betriebsrat ein Mitbestimmungsrecht?	Der Betriebsrat hat das Mitbestimmungsrecht in sozialen und personalen Angelegenheiten.
Erläutern Sie dies näher!	**Soziale Angelegenheiten:** Mitbestimmung in Fragen der Betriebsordnung und des Verhaltens der Arbeitnehmer im Betrieb. Beginn, Ende und Verteilung der Arbeitszeit, Pausenregelung, Art der Lohnauszahlung, Aufstellung des Urlaubsplanes und bei der Verwirklichung und Verwaltung von Sozialeinrichtungen im Betrieb. **Personelle Angelegenheiten:** Unterrichtung über die Per-

Fortsetzung von Seite 84

	sonalplanung und Berufsbildung, Behandlung von Härtefällen, Ein- und Ausstellung, Eingruppierung, Umgruppierung und Versetzung.
Was und innerhalb welcher Frist muss der Betriebsrat beachten, wenn er bei personellen Einzelmaßnahmen und Kündigungen seine Zustimmung verweigern will?	Er muss seine Verweigerung der Zustimmung innerhalb einer Woche nach Unterrichtung durch den Arbeitgeber unter Angabe von Gründen diesem mitteilen.
In welchem Bereich hat der Betriebsrat nur Mitwirkungsrechte?	Mitwirkungsrechte hat der Betriebsrat in wirtschaftlichen Angelegenheiten, z. B. bei Betriebsänderungen (Stilllegung, Verlegung, Zusammenschlüsse, Änderung der Organisation, neue Arbeitsmethoden).
Wer hat Betriebsversammlungen einzuberufen?	Der Betriebsrat.
In welchen Zeitabständen hat der Betriebsrat Betriebsversammlungen einzuberufen?	Der Betriebsrat hat einmal in jedem Kalendervierteljahr eine Betriebsversammlung einzuberufen und in ihr einen Tätigkeitsbericht zu erstatten.
Aus welchen Teilnehmern besteht die Betriebsversammlung?	Die Betriebsversammlung besteht aus den Arbeitnehmern des Betriebes. Sie ist öffentlich.
Wer leitet die Betriebsversammlung?	Die Betriebsversammlung wird vom Vorsitzenden des Betriebsrates geleitet.
Dürfen Betriebsversammlungen während der Arbeitszeit stattfinden?	Ja, Betriebsversammlungen können während der Arbeitszeit stattfinden.

Ist die Zeit der Betriebsversammlung den Arbeitnehmern zu vergüten?	Die Zeit der Teilnahme und zusätzliche Wegezeiten sind den Arbeitnehmern wie Arbeitszeit zu vergüten.
Dürfen Arbeitgeber und Betriebsrat Maßnahmen des Arbeitskampfes zur Interessendurchsetzung einsetzen?	Maßnahmen des Arbeitskampfes sind zwischen Arbeitgeber und Betriebsrat nicht zulässig.
Welche Stelle ist zuständig, um Meinungsverschiedenheiten zwischen Arbeitgeber und Betriebsrat beizulegen?	Zur Beilegung von Meinungsverschiedenheiten zwischen Arbeitgeber und Betriebsrat ist die Einigungsstelle anzurufen bzw. bei Bedarf zu bilden.
Aus welchen Personen setzt sich die Einigungsstelle zusammen?	Sie besteht aus einer gleichen Anzahl von Beisitzern, die von Arbeitgeber und Betriebsrat bestellt werden, und einem unparteiischen Vorsitzenden, auf dessen Person sich beide einigen müssen.
In welchen Betrieben kann eine Jugend- und Auszubildendenvertretung ("Jugendvertretung") gewählt werden?	Sie kann in Betrieben, in denen in der Regel mindestens 5 Arbeitnehmer beschäftigt sind, die das 18. Lebensjahr noch nicht vollendet haben, gewählt werden.
Wer ist hierzu wahlberechtigt?	Wahlberechtigt sind alle jugendlichen Arbeitnehmer des Betriebes.
Bis zu welcher Altersgrenze kann man als "Jugendvertreter" gewählt werden?	Bis unter 24 Jahre.

In welchen Zeitabständen wird gewählt?	„Jugendvertreter" werden alle 2 Jahre gewählt.
Welche Aufgaben hat Ihrer Meinung nach die „Jugendvertretung"?	Sie muss darüber wachen, dass die für die Jugendlichen geltenden Gesetze im Betrieb beachtet werden. Sie kann eigene Sitzungen und betriebliche Jugendversammlungen abhalten. Die Teilnahme an Betriebsratssitzugen ist möglich; volle Mitentscheidung hat sie hier aber nur in Fragen, die die Jugendlichen im Betrieb betreffen. Ferner kann sie beim Betriebsrat Maßnahmen zum Wohle der Jugendlichen beantragen, nimmt Beschwerden jugendlicher Mitarbeiter entgegen und trägt sie dem Arbeitgeber vor.
Wer trifft Betriebsvereinbarungen?	Sie werden zwischen dem Arbeitgeber und dem Betriebsrat getroffen.
Was stellen Betriebsvereinbarungen dar?	Sie sind Vereinbarungen über betriebliche Fragen, z. B. die Festsetzung der Betriebsordnung.
In welchem Rahmen dürfen sich Betriebsvereinbarungen bewegen?	Sie setzen im Bereich des Einzelbetriebes autonomes Recht. Gesetze und Tarifverträge haben aber den Vorrang, d. h. Betriebsvereinbarunge dürfen darüber hinausgehen; eine Schlechterstellung der Arbeitnehmer ist dagegen nicht zulässig.
Für welche Arbeitnehmer gelten diese Vereinbarungen?	Sie gelten für alle Betriebsangehörige, nicht nur für Gewerkschaftsmitglieder.

IV. Sozialversicherung

Regelungen und Bedeutung
der gesetzlichen Sozialversicherung

Was ist die Haupt-aufgabe der Sozial-versicherung?	Hauptaufgabe ist der Schutz vor Risiken des Arbeitslebens.
Welches sind die „Säulen" der Sozial-versicherung?	Als Säulen der Sozialversicherung gelten die Krankenversicherung, Unfallversicherung, Arbeitslosen-versicherung, Rentenversicherung und Pflegeversicherung.
Wann entstanden die Sozialversicherungen?	1883: Krankenversicherung 1884: Unfallversicherung 1889: Rentenversicherung 1927: Arbeitslosenversicherung 1995: Pflegeversicherung
Wie wird die Sozial-versicherung finan-ziert?	Sie wird aus den Beiträgen finan-ziert, und je zur Hälfte von den Arbeitgebern und Arbeitnehmern aufgebracht. Lediglich in der Un-fallversicherung tragen die Arbeit-geber die Lasten allein.
Welches sind die Versi-cherungsträger bei der Sozialversicherung?	**Krankenversicherung:** Ortskran-kenkassen (AOK), Betriebskranken-kassen, Innungskrankenkassen, Er-satzkassen u. a. **Unfallversicherung:** Berufsgenos-senschaften **Arbeitslosenversicherung:** Bundesanstalt für Arbeit **Rentenversicherung:** Landesver-sicherungsanstalten für Arbeiter, Bundesversicherungsanstalt für Angestellte **Pflegeversicherung:** Pflegekasse (der Krankenversicherung angeglie-dert)

Wie hoch sind zur Zeit in etwa die Beiträge zu den Sozialversicherungen?	Krankenversicherung: ca. 10–14,5 % des Bruttolohnes Unfallversicherung: Der Beitrag ist abhängig von der Gefahrenklasse und der Betriebsgröße Arbeitslosenversicherung: 6,5 % des Bruttolohnes Rentenversicherung: 19,5 % des Bruttolohnes Pflegeversicherung: 1,7 % des Bruttolohnes; Kinderlose ab 23 Jahre und Rentner ab Jahrgang 1940 zahlen 0,25 % mehr. KV, ALV, RV und PFV zahlen AN und AG je zur Hälfte.
Welche Leistungen erbringen die Sozialversicherungen?	
Krankenversicherung	Arzt-, Zahnarzt- und Krankenhausbehandlung, Arzneien, Kuren, Krankengeld, Mutterschaftshilfe, Vorbeugung, Haushaltshilfe, Sterbegeld, Familienhilfe.
– Unfallversicherung	Heilbehandlung, Umschulung, Renten (Verletzten- und Hinterbliebenenrente), Unfallverhütung.
– Arbeitslosenversicherung	Arbeitslosengeld, Arbeitslosenhilfe, Kurzarbeitergeld, Insolvenzausfallgeld, berufliche Aus- und Fortbildung, Umschulung, Berufsberatung, Arbeitsvermittlung.
– Rentenversicherung	Renten (Altersrente, Rente wegen Erwerbsunfähigkeit oder wegen Berufsunfähigkeit, Hinterbliebenenrente), Rehabilitation (Umschulung, Heilbehandlung).
– Pflegeversicherung	Für häusliche Pflege ein monatliches Pflegegeld oder Sachleistungen (ambulante Betreuung), gestuft nach der Pflegebedürftigkeit; stationäre Betreuung.

Welche Unfälle gelten als Arbeitsunfälle?	Als Arbeitsunfälle gelten Unfälle am Arbeitsplatz, Unfälle auf dem Weg von und zur Arbeit und Berufskrankheiten.
Welche Personenkreise sind jeweils pflichtversichert?	
– Krankenversicherung	Auszubildende, Wehrdienstleistende, Behinderte, alle Arbeiter und Angestellten bis zur Beitragsbemessungsgrenze.
– Unfallversicherung	Auszubildende, Schüler und Studenten, Personen die Hilfe leisten, alle Arbeiter und Angestellten.
– Arbeitslosen- versicherung	Auszubildende, alle Arbeiter und Angestellten.
– Rentenversicherung	Auszubildende, alle Arbeiter und Angestellten.
– Pflegeversicherung	Mitglieder der gesetzlichen Krankenversicherung und ihre mitversicherten Familienangehörige; Privatversicherte müssen sich selbst versichern.
Welche Bedeutung hat die Beitragsbemessungsgrenze?	Die Berechnung der Versicherungsbeiträge erfolgt nur bis zu einem bestimmten Verdienst (= Beitragsbemessungsgrenze). Wer mehr verdient, zahlt immer den gleichen Höchstbetrag.
Bei welcher Sozialversicherung gibt es keine Beitragsbemessungsgrenze?	Bei der Unfallversicherung.
Um welche Art von Unternehmen handelt es sich bei den Trägern der Sozialversicherungen?	Es handelt sich um Mitgliederunternehmen, die vom Staat beaufsichtigt werden.

Wovon hängt die Höhe der Altersrente ab?	Sie hängt von der Anzahl der Beitragsjahre und der Höhe der einbezahlten Beiträge ab.
Bei welcher Stelle muss jeder Arbeitsunfall vom Betrieb angezeigt werden?	Bei der Berufsgenossenschaft.
Welcher Träger zahlt dem Arbeiter/Angestellten die Altersrente?	Arbeiter: Die zuständige Landesversicherungsanstalt (LVA). Angestellte: Bundesversicherungsanstalt (BfA).
Bei welchem Gericht kann jemand Klage erheben, wenn er mit den Leistungen aus den gesetzlichen Sozialversicherungen nicht einverstanden ist?	Für Klagen gegen Träger der gesetzlichen Sozialversicherungen ist nur das Sozialgericht zuständig.

V. Arbeits- und Sozialgerichtsbarkeit

Regelungen der Arbeits- und Sozialgerichtsbarkeit

Welche Gerichte gehören zur Sozialgerichtsbarkeit?	Sozialgerichte, Landessozialgerichte, Bundessozialgericht.
Wie setzt sich die erste Instanz der Sozialgerichtsbarkeit zusammen?	Das Sozialgericht gliedert sich in Kammern, die in der Besetzung mit einem Berufsrichter als Vorsitzenden und 2 ehrenamtlichen Laienrichtern tätig werden.

Wie alt müssen die Laienrichter mindestens sein?	Das Mindestalter für Laienrichter beträgt 25 Jahre.
Welche Gerichte gehören zur Arbeitsgerichtsbarkeit?	Arbeitsgerichte, Landesarbeitsgerichte, Bundesarbeitsgericht.
Wie setzt sich die erste Instanz der Arbeitsgerichtsbarkeit zusammen?	Das Arbeitsgericht gliedert sich in Kammern, die in der Besetzung mit einem Vorsitzenden, der Berufsrichter ist, und 2 ehrenamtlichen Arbeitsrichtern (1 Arbeitgeber- und 1 Arbeitnehmervertreter) tätig werden.
Ab welchem Alter kann man zum Arbeitsrichter berufen werden?	Das Mindestalter beträgt 25 Jahre.
Für wie lange und von wem werden die Arbeitsrichter berufen?	Die Arbeitsrichter werden von der obersten Arbeitsbehörde des Landes auf die Dauer von 4 Jahren berufen.
Wie ist der Instanzenweg geregelt?	Gegen das Urteil des Arbeitsgerichtes kann man Berufung beim Landesarbeitsgericht einlegen. Ist man mit dessen Urteil wiederum nicht einverstanden, kann man Revision beim Bundesarbeitsgericht beantragen.
Wer ist Arbeitnehmer im Sinne des Arbeitsgerichtsgesetzes?	Arbeitnehmer im Sinne dieses Gesetzes sind Arbeiter und Angestellte und die zu ihrer Berufsausbildung Beschäftigten.
Für welche Streitsachen ist das Arbeitsgericht zuständig?	Streitigkeiten zwischen Arbeitgeber und Arbeitnehmer aus dem Arbeitsverhältnis (z. B. wegen Lohn, Kündigung); Streitigkeiten zwischen Tarifvertragsparteien über

Fortsetzung von Seite 92 die Gültigkeit von Tarifverträgen und daraus abgeleiteten Ansprüchen; Streitigkeiten, die aus der Tätigkeit der Tarifvertragsparteien in Angelegenheiten entstehen, die mit einem Arbeitskampf zusammenhängen; Angelegenheiten aus dem Betriebsverfassungsgesetz und Angelegenheiten aus dem Mitbestimmungsgesetz.

Das Arbeitsgericht stellt fest, dass die Kündigung eines Arbeitnehmers sozial ungerechtfertigt ist. Dem Arbeitnehmer kann jedoch nicht mehr zugemutet werden, das Arbeitsverhaltnis fortzusetzen. Welchen Antrag kann er stellen?

Er kann den Antrag auf Auflösung des Arbeitsverhältnisses und Zahlung einer angemessenen Abfindung stellen.

Vor welcher Instanz der Arbeitsgerichtsbarkeit besteht kein Anwaltszwang?

Vor der ersten Instanz = Arbeitsgericht.

Wann findet eine Beweisaufnahme statt?

Sie findet statt, wenn bestrittene Behauptungen über Tatsachen, die für die Entscheidung wesentlich sind, bewiesen werden sollen.

Wer hat die Beweislast?

Beweislast hat derjenige, der aus der Richtigkeit der behaupteten Tatsachen Rechte herleitet (z. B. verlangt der Arbeitnehmer Überstundenbezahlung, so hat er die Leistung zu beweisen).

C Grundlagen des Wirtschaftens

I. Notwendigkeit des Wirtschaftens

Arten von Bedürfnissen und Gütern

Was verstehen Sie unter Bedürfnissen?	Bedürfnisse sind Mangelempfinden der Menschen, die diese bestrebt sind zu beseitigen.
Wie können die Bedürfnisse nach der Dringlichkeit ihrer Befriedigung eingeteilt werden?	Existenzbedürfnisse (= Lebens- oder Grundbedürfnisse), Kulturbedürfnisse, Luxusbedürfnisse.
Geben Sie jeweils Beispiele dazu an!	
– Existenzbedürfnisse	Nahrung, Kleidung, Wohnung, Zuneigung/Kontakte.
– Kulturbedürfnisse	Moderne Kleidung, größere Wohnung, Radio, Fernseher, Telefon, Auto, abwechslungsreiches Essen, höhere Bildung.
– Luxusbedürfnisse	Modellkleid, Villa, Yacht, Weltreise, teurer Schmuck.
Beschreiben Sie kurz diese Bedürfnisse!	Die Befriedigung der Existenzbedürfnisse ist lebensnotwendig. Kulturbedürfnisse sind verfeinerte Bedürfnisse des modernen Menschen. Luxusbedürfnisse kann sich ein Großteil der Bevölkerung nur bei großer Sparsamkeit leisten.

Wovon hängt die Befriedigung der Bedürfnisse ab?	Sie hängt in der Regel vom Vermögen und Einkommen (Lohn, Gehalt, Rente usw.), also der Kaufkraft, die jedem Menschen zur Verfügung steht, ab.
Wodurch sind alle Bedürfnisse gekennzeichnet?	Die Bedürfnisse der Menschen sind individuell und unbegrenzt. Sie ändern sich im Zeitablauf.
Wie werden die Bedürfnisse nach den gesellschaftlichen Befriedigungsmöglichkeiten eingeteilt? Geben Sie auch Beispiele an!	Individualbedürfnisse: Fernsehapparat, Brot, Auto, Möbel. Kollektivbedürfnisse: Straßen, Museen, Theater, öffentliche Verkehrsmittel, Krankenhäuser, Schulen, saubere Umwelt.
Beschreiben Sie diese Bedürfnisse! – **Individual bedürfnisse**	Sie richten sich auf Güter, die der Einzelne für sich bzw. innerhalb seiner Familie konsumieren kann.
– **Kollektivbedürfnisse**	Sie werden mit Gütern befriedigt, die allen Menschen zur Nutzung zur Verfügung stehen sollen.
Wie umschreiben Sie den Begriff „Bedarf"?	Bedarf sind die mit Kaufkraft versehenen Bedürfnisse.
Ordnen Sie folgende Bedürfnisse den oben genannten Einteilungskriterien zu: – **auf der Autobahn fahren**	Kollektivbedürfnis
– **Hunger, Durst**	Existenzbedürfnis/Individualbedürfnis
– **Appetit auf geräucherten Lachs**	Luxusbedürfnis/Individualbedürfnis
– **Sicherheit vor Verbrechen**	Kollektivbedürfnis

Fortsetzung von Seite 95

– nach Information, z. B. Tageszeitung	Kulturbedürfnis/Individualbedürfnis
– Bedürfnis eines Arbeiters, einen schnellen Sportwagen zu fahren	Luxusbedürfnis/Individualbedürfnis
Wodurch können die Bedürfnisse befriedigt werden?	Sie können allgemein mit Gütern befriedigt werden.
Wie werden die Güter nach Ihrer Verfügbarkeit unterschieden?	Freie Güter Wirtschaftliche Güter
Unterscheiden Sie (mit Beispielen): – **freie Güter und wirtschaftliche Güter**	Freie Güter stehen in unbeschränktem Maße zur Verfügung und können vom Menschen nach Belieben in Anspruch genommen werden, z. B. Luft, Meerwasser. Sind die Güter knapp und kosten sie etwas, spricht man von wirtschaftlichen Gütern, z. B. Lebensmittel.
– **materielle und immaterielle Güter**	Materielle Güter sind alle Sachgüter, z. B. Waage; immaterielle Güter sind Dienstleistungen, z. B. Behandlung durch einen Arzt und Rechte, z. B. Patente.
– **Konsumgüter und Produktionsgüter (Investitionsgüter)**	Konsumgüter dienen der unmittelbaren Bedürfnisbefriedigung, z. B. eine Kiste Bier; Produktionsgüter werden zur Herstellung von Wirtschaftsgütern benötigt, z. B. Rohstoffe, Geschäftshaus.
– **Gebrauchsgüter und Verbrauchsgüter**	Gebrauchsgüter können über einen längeren Zeitraum genutzt werden, z. B. Kühlschrank; Verbrauchsgüter werden in einem einmaligen Verbrauchsvorgang „vernichtet", z. B. Brot.

Welche Konsequenz ergibt sich aus der Tatsache, dass die weitaus meisten Güter wirtschaftliche Güter sind und etwas kosten?	Privatpersonen wie Unternehmer müssen wirtschaftlich (ökonomisch) handeln, d. h. über die verschiedenartige Verwendung seiner Kaufkraft entscheiden. Er muss versuchen, mit gegebenen Mitteln den größtmöglichen Erfolg zu erzielen (Maximalprinzip) bzw. den geplanten Erfolg mit dem geringstmöglichen Einsatz an Mitteln anzustreben (= Minimal- oder Sparprinzip).

II. Wirtschaftsordnung und staatliche Wirtschaftspolitik

Begriffe und Ziele von Wirtschaftsordnungen

Unter welchen Voraussetzungen funktioniert die Freie Marktwirtschaft?	Die Freie Marktwirtschaft beruht auf der Idee des Liberalismus. Sie ist eine Wirtschaftsordnung, in der der Staat nicht in das Wirtschaftsgeschehen eingreift. Sie ist durch dezentrale (= nicht von einer Stelle aus) Entscheidungsfindung gekennzeichnet, in der nur der Markt die Höhe des Preises, des Zinses, des Lohnes bestimmt.
Welche Merkmale kennzeichnen die Freie Marktwirtschaft?	Der Staat greift überhaupt nicht in das Wirtschaftsgeschehen ein. Produktions-, Gewerbe-, Niederlassungs-, Vertrags-, Konsumfreiheit; Freier Handel; Geldwirtschaft; Privateigentum an Produktionsmitteln; Freie Berufs-, Arbeitsplatzwahl; Freizügigkeit; Bildung ist Privatsache.

Welche Mängel hat Ihrer Meinung nach die Freie Marktwirtschaft?	Starke Abhängigkeit der Arbeitnehmer; Konzentration des Vermögens bei wenigen; Einschränkung und eventuell Ausschaltung des Wettbewerbs; Monopolbildungen; Bedürfnisse der Allgemeinheit bleiben in vielen Fällen unbefriedigt.
Auf welchen Prinzipien (= Grundsätzen) beruht die Soziale Marktwirtschaft?	Sie beruht auf den Prinzipien der Freiheit und des sozialen Ausgleichs (= soziale Gerechtigkeit).
Erklären Sie: **– Freiheitliches Prinzip**	So viel Freiheit wie möglich im wirtschaftlichen Bereich, z. B. weitgehende Gewerbefreiheit, Konsumfreiheit, freie Arbeitsplatzwahl, Freizügigkeit, Vertragsfreiheit, Privateigentum an Produktionsmitteln.
– Soziales Prinzip	Schutz des wirtschaftlich Schwächeren, z. B. Arbeitnehmer, kleine Unternehmer.
Welche sozialpolitischen Ziele sollen in der Sozialen Marktwirtschaft angestrebt werden? Geben Sie kurze Erklärungen dazu!	Soziale Sicherheit: Schutz des Arbeitnehmers vor Risiken des Arbeitslebens und vor Ausbeutung; durch die ges. Sozialversicherungen und die Arbeitsschutzgesetze. Gerechte Einkommens- und Vermögensverteilung: Progressive Steuer, Steuerklassen, Sonderausgaben, Werbungskosten, Wohnungsbau- und Sparprämien, Kindergeld, Wohngeld. Chancengleichheit: Bildung ist grundsätzlich Aufgabe des Staates; jeder soll nach seinen Fähigkeiten und Neigungen die gleichen Bildungschancen haben. Der Staat stellt die Bildungseinrichtungen

Fortsetzung von Seite 98

zur Verfügung; sozial Schwache erhalten finanzielle Hilfen, z. B. Stipendien.
Mitbestimmung: Mitsprache des Arbeitnehmers in seinem Arbeitsbereich; Betriebsverfassungsgesetz, Mitbestimmungsgesetz, Montan-Mitbestimmungsgesetz.

Welche Merkmale sind kennzeichnend für die Soziale Marktwirtschaft?	Der Staat greift in das Wirtschaftsgeschehen ein (Sozialstaat); eingeschränkte Gewerbefreiheit; Konsumfreiheit; weitgehend Freihandel; Privateigentum und Staatseigentum (z. B. Detusche Bahn); grundsätzlich freie Berufswahl, Arbeitsplatzwahl und Freizügigkeit; gerechtere Einkommensverteilung, z. B. Steuerprogression; grundsätzliche Chancengleichheit in der Bildung.
Welcher Grundsatz gilt für das Handeln des Staates in der Sozialen Marktwirtschaft?	Der Staat soll nur dann in das wirtschaftliche Geschehen eingreifen, wenn die Prinzipien bedroht sind, oder durch staatliche Maßnahmen besser verwirklicht werden können.
Wer wird als der „Vater" der Sozialen Marktwirtschaft bezeichnet?	Ludwig Erhard, von 1949–1963 Bundeswirtschaftsminister und von 1963–1966 Bundeskanzler.
Welche Institution wacht in der Bundesrepublik Deutschland darüber, dass der wirtschaftliche Wettbewerb nicht eingeschränkt wird?	Das Kartellamt (Sitz in Berlin).

Was versteht man unter Wirtschafts-politik?	Darunter sind Überlegungen, Entscheidungen und Maßnahmen des Staates, die das wirtschaftliche Geschehen beeinflussen, zu verstehen.
Welche wirtschaftspolitischen Ziele strebt die Soziale Marktwirtschaft an?	**Stabilität des Preisniveaus** (= gleichbleibende Preise auf möglichst niedrigem Niveau); **hoher Beschäftigungsstand** (= Vollbeschäftigung bzw. möglichst wenig Arbeitslose); **Wirtschaftswachstum** (= jedes Jahr soll mehr produziert werden); **Außenwirtschaftliches Gleichgewicht** (= Zahlungsbilanzausgleich, d. h. Zahlungseingänge aus dem Waren- und Dienstleistungsexport und der Kapitalzufuhr sollen den Zahlungsausgängen entsprechen).
Welches Gesetz verpflichtet den Staat, diese Ziele anzustreben?	Gesetzliche Grundlage ist das so genannte Stabilitätsgesetz von 1967.
Weshalb spricht man in diesem Zusammenhang vom „Magischen Viereck"?	Da es fast an Zauberei (= Magie) grenzt, die vier zum Teil widerstrebenden Wirtschaftsziele gleichzeitig zu erreichen, spricht man auch vom „Magischen Viereck".
Warum gilt Ihrer Meinung nach Wirtschaftswachstum als Ziel?	Es ist bei Bevölkerungswachstum notwendig, um den Lebensstandard zu erhalten. Bei Bevölkerungsstagnation bzw. sinkenden Bevölkerungszahlen führt es zur Erhöhung des Lebensstandards. Den durch Rationalisierung oder durch Strukturwandel freigesetzten Arbeitskräften können wieder Arbeitsplätze beschafft werden. Sicherung der Konkurrenzfähigkeit gegenüber dem Ausland.

Fortsetzung
von Seite 100

Wachstum ist der Motor für sozialen Fortschritt und für soziale Sicherheit.

Heute treten zu den 4 Zielen des Stabilitätsgesetzes noch 2 weitere hinzu. Welche?

Gerechte Einkommensverteilung und Erhaltung einer lebenswerten Umwelt.

Woran wird wirtschaftliches Wachstum gemessen?

Wirtschaftliches Wachstum wird nach der Veränderung des realen Bruttosozialproduktes gemessen.

Der Staat strebt das Ziel Vollbeschäftigung an. Wie wirkt sich dies im Normalfall auf die anderen 3 Ziele des Stabilitätsgesetzes aus?

Auf das Wirtschaftswachstum hätte dies positive Auswirkungen, denn je mehr Menschen beschäftigt sind, umso mehr wird produziert. Die anderen beiden Ziele würden aber negativ davon berührt. Je mehr Einkommen zur Verfügung steht, umso größer ist die Nachfrage. Erhöhung der Nachfrage lässt den Preis steigen. Steigende Preise bedeuten Devisenabflüsse (Devisen = ausländische Währungen), wenn im Ausland stabiles Preisniveau herrscht.

Diesmal soll das Ziel Preisniveaustabilität angestrebt werden. Welche Auswirkungen hat das auf die anderen Ziele?

Staat und Bundesbank ziehen Geld aus dem Kreislauf, wodurch die Nachfrage sinkt. Sinkende Nachfrage hat Produktionseinschränkungen zur Folge, was wiederum zu Entlassungen von Arbeitskräften führt. Eine niedrige Inflationsrate führt zu Exportüberschüssen und damit zu Devisenzuflüssen.

Grundzüge der Konjunkturpolitik

Was versteht man unter Konjunktur?	Darunter versteht man die jeweilige wirtschaftliche Gesamtlage bzw. Gesamtentwicklung.
Wie verläuft die Konjunktur im Zeitablauf?	Sie verläuft wellenförmig, d. h. es gibt wirtschaftlich bessere und schlechtere Zeiten.
Welche Phasen (= Abschnitte) unterscheidet man dabei?	Entwickelt sich die Wirtschaft positiv, so spricht man von wirtschaftlichem Aufschwung oder Expansion; entwickelt sie sich negativ, spricht man von einem wirtschaftlichen Abschwung oder Rückschlag bzw. Rezession. Die Zeit des größten Wirtschaftswachstums wird Hochkonjunktur oder Boom, die schlechteste Zeit der wirtschaftlichen Entwicklung Tiefstand oder Depression genannt.
Welche Institutionen können Konjunkturpolitik betreiben?	Der Staat (= Bund, Länder, Gemeinden) und die Deutsche Bundesbank.
Sind EZB und nationale Zentralbank an Weisungen aus der Politik gebunden?	Nein, sie sind politisch völlig unabhängig; die Politik darf ihnen keinerlei Weisungen erteilen.
Wie setzt sich die Deutsche Bundesbank personell zusammen?	Sie besteht aus dem Zentralbankrat (Direktorium = Präsident, Vizepräsident sowie vier weitere Mitglieder) sowie den 9 Präsidenten der Landeszentralbanken.
Welche Aufgaben hat der Zentralbankrat und das Direktorium?	Der ZBR setzt die Geschäftspolitik fest und das Direktorium setzt die Geschäftspolitik um.

Welche Aufgabe hat die Deutsche Bundesbank nachdem die Europäische Zentralbank geschaffen ist?

Die Bundesbank führt im Rahmen von Leitlinien und Weisungen der EZB die Geldpolitik in Deutschland durch, d. h. sie gibt die Banknoten in Deutschland aus und versorgt die Kreditinstitute mit Zentralbankgeld. Ferner ist sie in die Bankenaufsicht eingeschaltet, wickelt den bargeldlosen Zahlungsverkehr ab und verwaltet die deutschen Währungsreserven. Schließlich ist sie weiterhin die „Hausbank" des Staates und bringt als solche für ihn die Münzen in Umlauf, wickelt für Bund und Länder den Zahlungsverkehr ab und berät den Staat bei der Mittelaufnahme am Kapitalmarkt.

Wie setzt sich das Europäische System der Zentralbanken (ESZB) zusammen?

Zum ESZB gehören die Europäische Zentralbank (EZB) an der Spitze und die jeweiligen nationalen Zentralbanken der Mitgliedsländer der Europäischen Währungsunion.

Wie setzt sich das EZB-Direktorium zusammen?

Es besteht aus dem Präsidenten der EZB, dem Vizepräsidenten und bis zu vier weiteren Mitgliedern.

Wie setzt sich der Europäische Zentralbankrat zusammen?

Er besteht aus dem Direktorium der EZB und den Präsidenten der Zentralbanken der Euro-Länder. Die Mitglieder werden von den Staats- und Regierungschefs der Teilnehmerländer auf Emüpfehlung der Wirtschafts- und Finanzminister berufen. Ihre Amtszeit beträgt 8 Jahre, eine Wiederwahl ist nicht zulässig. Alle Mitglieder des Direktoriums müssen in Währungsangelegenheiten sowie in Bankfragen erfahrene und allgemein anerkannte Persönlichkeiten sein.

Wie verändert sich in der jeweiligen Konjunkturphase die Produktion, die Beschäftigung, der Absatz, das Einkommen und der Preis?

Phase	Produktion	Beschäftigung	Absatz	Einkommen	Preis
Expansion	Ausweitung, zunehmende Kapazitätsauslastung	Zunahme, geringere Arbeitslosigkeit	Zunahme	Gewinn- und Lohnsteigerungen	Geringe Steigerung, Investitionsgüter stärker als die Konsumgüterpreise
Boom	Höchststand, voll ausgenutzte Kapazitäten	Voll-, evtl. Überbeschäftigung, Überstunden	Auftragsüberhang, lange Lieferfristen	Hohe Gewinne und Löhne, evtl. Lohnkämpfe	Starke Preissteigerungen
Rezession	Rückgang, abnehmende Kapazitätsauslastung	Abnahme, Kurzarbeit und Entlassungen	Abnahme, vermehrte Lagerbestände	Gewinn- und Lohnminderungen	leicht sinkend
Depression	unausgenutzte Kapazitäten	Betriebsstilllegungen, Massenarbeitslosigkeit	überfüllte Lager	geringe Gewinne und Löhne, evtl. Verluste	Preistiefstand, Preiseinbrüche

Welche grundsätz-lichen Entscheidun-gen trifft der EZB-Rat?	Er bestimmt die Geldpolitik, z. B. durch die Festlegung der Leitzinsen, genehmigt die Ausgaben von Banknoten (Festsetzung von Richtwerten für das Geldmengenwachstum), erteilt Weisungen und gibt Leitlinien an die nationalen Zentralbanken.
Beschreiben Sie kurz den Inhalt der Geld-politik!	Einmal im Monat wird ein Refinanzierungsgeschäft mit einer Laufzeit von 3 Monaten zu einem bestimmten Zinssatz angeboten (Basistender – Hauptfinanzierungssatz). Dieser Basistender ermöglicht den Banken weiterhin eine etwas längerfristige Zentralbankgeldversorgung.
Weshalb ist die Preis-stabilität/Geldwert-stabilität als Ziel so bedeutsam?	Geldwertstabilität erhöht die Planungssicherheit der Wirtschaftssubjekte (z. B. Unternehmen, Staat, private Haushalte), sie führt zu niedrigen Zinsen und stabilen Wechselkursen und fördert so das Wirtschaftswachstum. Zudem schützt sie die Sparer vor einer Entwertung ihres Geldvermögens und erhält die Kaufkraft der Einkommen.

Steuern

Was sind Steuern?	Steuern sind einmalige oder laufende Geldleistungen, ohne dass dafür eine ummittelbare Gegenleistung gewährt wird. Sie sind Zwangsabgaben an den Staat und dessen Haupteinnahmequelle.

Warum sind Ihrer Meinung nach Steuern notwendig?	Der moderne Staat hat eine große Vielzahl von Aufgaben zu übernehmen, z. B. Verwaltung, Verteidigung, Infrastruktur. Die Finanzierung dieser Aufwendungen ist im Wesentlichen nur über die Erhebung von Steuern möglich.
Worin unterscheiden sich Gebühren und Beiträge von den Steuern?	**Gebühren** sind Entgelte für öffentliche Dienstleistungen, z. B. Wasser-, Kanalgebühren. **Beiträge** sind Geldleistungen mit Kostenzuschusscharakter, z. B. Anliegerbeiträge für Straßenbau, Wasserleitung und Kanalisation, Sozialversicherungsbeiträge.
Steuern können nach veschiedenen Kriterien eingeteilt werden. Welche Steuerarten werden unterschieden: **– nach dem Kriterium Steuergegenstand?**	Besitz- und Einkommensteuern, Verkehrssteuern, Verbrauchssteuern und Zölle.
– nach der Finanzhoheit?	Bundes-, Landes-, Gemeinde-, gemeinschaftliche und Kirchensteuer.
– der Erhebungsart?	Direkte und indirekte Steuern.
Nennen Sie wichtige Bundes-, Landes-, Gemeinde- und gemeinschaftliche Steuern! **– Bundessteuern:**	Mineralöl-, Tabak-, Branntwein-, Kaffee-, Tee-, Schaumwein-, Versicherungssteuer, Zölle.
– Landessteuern:	Kfz-, Erbschaft- und Biersteuer, Spielbankabgabe.
– Gemeindesteuern:	Grund-, Vergnügungs-, Schankerlaubnis-, Jagd- und Hundesteuer.

Fortsetzung
von Seite 106

– gemeinschaftliche Steuern:	Einkommen-, Lohn-, Körperschaft-, Umsatz-, Gewerbe-, Grunderwerbs-, Kapitalertragssteuer und Abschlagssteuer.
Welcher Unterschied besteht zwischen direkten und indirekten Steuern?	Direkte Steuern sind unmittelbar von dem abzuführen, der sie auch tragen soll, z. B. Lohnsteuer vom Arbeitnehmer. Indirekte Steuern werden durch einen Preisaufschlag abgewälzt, z. B. Mehrwertsteuer: der Verbraucher trägt sie, der Unternehmer führt sie ab. Steuerträger und Steuerzahler fallen also auseinander.
Welche Steuern stellen die Haupteinnahmequelle des Staates dar?	Umsatz-/Mehrwertsteuer, Lohnsteuer, Mineralölsteuer.
Welches ist die Grundlage für den Lohnsteuerabzug?	Grundlage ist das jeweilige Bruttoentgelt des Arbeitnehmers.
Von welcher Stelle erhält der Arbeitnehmer die Lohnsteuerkarte?	Die Gemeindebehörde des Wohnsitzes des Arbeitnehmers gibt die Lohnsteuerkarte aus.
Welche Angaben enthält die Lohnsteuerkarte?	Neben dem Namen und der Wohnung enthält sie noch den Geburtstag, die Religionszugehörigkeit und die Steuerklasse.
Wie viel Steuerklassen für Lohn- und Einkommensteuerpflichtige gibt es?	Es werden 6 Steuerklassen unterschieden.

Welche Personengruppen werden der jeweiligen Steuerklasse zugeteilt?	
– Steuerklasse I	Ledige sowie verheiratete, verwitwete oder geschiedene Arbeitnehmer, sofern sie nicht in die Steuerklasse II oder III fallen.
– Steuerklasse II	Ledige, geschiedene oder verwitwete Arbeitnehmer, wenn sie mindestens 1 Kind haben, das zu ihrem Haushalt gehört.
– Steuerklasse III	Verheiratete, wenn der Ehegatte des Arbeitnehmers keinen Arbeitslohn bezieht.
– Steuerklasse IV	Verheiratete, wenn beide Ehegatten Arbeitslohn beziehen.
– Steuerklasse V	(Auf Antrag): Wenn beide Ehegatten Arbeitslohn beziehen, der andere Ehegatte erhält dann Steuerklasse III.
– Steuerklasse VI	Arbeitnehmer, die gleichzeitig von mehreren Arbeitgebern Arbeitslohn erhalten, mit ihren zweiten, dritten ... Lohnsteuerkarten.
Welche allgemeinen Ausgaben kann ein Arbeitnehmer im Lohnsteuerjahresausgleich geltend machen?	Werbungskosten, Sonderausgaben und außergewöhnliche Belastungen.
Nennen Sie Beispiele für Werbungskosten?	Fahrtkosten zwischen Wohnung und Arbeitsstätte; Aufwendungen für Arbeitsmittel, z. B. Werkzeuge, Berufskleidung; Beiträge zu Berufsverbänden, z. B. Gewerkschaft; Aufwendungen für doppelte Haushaltsführung.

Welche Ausgaben stellen Sonderausgaben dar?	Beiträge zu den Sozialversicherungen; Lebensversicherung; Beiträge an Bausparkassen; Unterhaltsleistungen; Beiträge an Unfall- und Haftpflichtversicherungen; gezahlte Kirchensteuer; Aufwendungen für Berufsaus- und Weiterbildung; Spenden.
Wann spricht man von außergewöhnlichen Belastungen? Geben Sie auch Beispiele an!	Außergewöhnliche Belastungen sind dann gegeben, wenn einem Steuerpflichtigen zwangsweise größere Aufwendungen entstehen als der überwiegenden Mehrzahl vergleichbarer Steuerpflichtiger, z. B. bei Krankheit, Tod, Behinderung, Flüchtlingen, Unterhaltsbedürftige Personen.

III. Wirtschaftskreislauf

Güter- und Geldströme

Kennzeichnen Sie die Stellung der Produktionsbetriebe, der Dienstleistungsbetriebe, des Staates und der privaten Haushalte im Wirtschaftskreislauf!	Die Produktions- und Dienstleistungsbetriebe nehmen produktive Leistungen der privaten Haushalte (Arbeiter und Angestellte) in Anspruch, um Güter und Dienstleistungen her- bzw. bereitzustellen. Dienstleistungsbetriebe kaufen von den Produktionsbetrieben Güter, jene Betriebe nehmen aber auch deren Dienste in Anspruch. Der Staat ist in das System dergestalt eingebunden, dass er von den Unternehmen und privaten Haushalten Steuern und Abgaben empfängt, aber auch Subventionen und Transferleistungen, z. B. Kindergeld, leistet.

Erklären Sie den Wirtschaftskreislauf mit Güter- und Geldströmen!	Die Haushalte stellen den Unternehmen Arbeitskräfte zur Verfügung. Dafür empfangen sie Einkommen (Löhne und Gehälter). Ein Großteil davon fließt als Konsumausgaben wieder an die Unternehmen zurück, die Konsumgüter und Dienstleistungen an die Haushalte liefern. Damit ist der Wirtschaftskreislauf geschlossen.
Was verstehen Sie unter Sozialprodukt?	Darunter versteht man den Geldwert aller Güter und Dienstleistungen, die in einer Volkswirtschaft innerhalb eines Jahres erstellt bzw. erbracht werden.
Worin liegt der Unterschied zwischen Brutto- und Nettosozialprodukt?	Zum Bruttosozialprodukt werden die Werte aller in einem Jahr erzeugten Güter und Dienstleistungen zusammengezählt. Will man auf das Nettosozialprodukt kommen, muss man vom Bruttosozialprodukt die Abschreibungen, also Verschleiß und Veralten der Maschinen der Unternehmen, abziehen.
Unterscheiden Sie Nominales und Reales Bruttosozialprodukt!	Das Nominale Bruttosozialprodukt ermitteln man, wenn man die Güter und Dienstleistungen zu den jeweiligen Preisen ansetzt. Zieht man hiervon die Inflation (= Preissteigerung gegenüber dem Vorjahr) ab, erhält man das Reale (= echte) Bruttosozialprodukt.
Weshalb wird das Reale Bruttosozialprodukt als Maßstab angesetzt?	Beim Realen Bruttosozialprodukt werden die Preissteigerungen abgezogen, denn diese würden das Ergebnis verzerren und verfälschen, hohe Inflationsraten gaukeln ein falsches Wirtschaftswachstum vor.

In welchen Wirtschaftsbereichen entsteht das Volkseinkommen?	In der Land- und Forstwirtschaft, der Industrie und im Handwerk, im Handel und Verkehrsgewerbe, bei Dienstleistungsunternehmen und beim Staat.
Wie verteilt sich das Volkseinkommen?	Es besteht aus den Einkommen aus unselbständiger Arbeit, aus dem Einkommen aus Unternehmertätigkeit und Erträgen aus Vermögen, z. B. Zinsen, Dividenden, Mieten, Pacht.
Wofür kann das Volkseinkommen verwendet werden?	Das Volkseinkommen kann entweder ausgegeben (= konsumiert) oder gespart werden. Gibt ein Unternehmer für seinen Betrieb Geld aus, z. B. für Maschinen, Werkhallen, spricht man von investieren.
Welcher Zusammenhang besteht zwischen Nettosozialprodukt und Volkseinkommen?	Das Nettosozialprodukt wird von der Güterseite (= Wert der erzeugten Güter, Dienstleistungen – ohne Steuern und Abschreibungen) her betrachtet, das Volkseinkommen von der Geldseite (= Einkünfte).

D Grundlagen des Gaststättenrechts

I. Allgemeine Vorschriften des Lebensmittelrechts

Zu welchem Zweck hat der Gesetzgeber ein Lebensmittelgesetz erlassen?	Zum Schutz der Verbraucher. Die Verbraucher sollen vor schädigenden Einflüssen durch Lebensmittel geschützt werden.
Welche Verordnung finden beim Zusatz von Konservierungsmitteln Anwendung?	Werden Lebensmittel, z.B. Konservierungsstoffe zugesetzt, fallen diese Zusatzstoffe unter die Zusatzstoff-Zulassungsverordnung.
Nennen Sie drei Lebensmittelkonservierungsstoffe!	1. Benzoesäure 2. Sorbinsäure 3. Propionsäure
Wenn in einer Gaststätte ein Heringssalat, konserviert mit Benzoe- und Sorbinsäure, sowie ein Brot mit Propionsäure angeboten wird, welche Pflicht hat dann der Gastwirt?	Auf der Speisekarte ist bei der aufgeführten Speise die Bezifferung für die Konservierungsstoffe anzubringen. In einer Fußnote der Karte müssten als Erklärung stehen: 1. mit Konservierungsstoff Benzoesäure 2. mit Konservierungsstoff Sorbinsäure 3. mit Konservierungsstoff Propionsäure
Welchen Lebensmittelbereich umfasst die Lebensmittel-Kennzeichnungs-Verordnung?	Alle Lebensmittel, die in Abwesenheit des Käufers abgepackt und verschlossen werden.

Welche Kennzeichnungen werden auf diesen Fertigpackungen anzubringen sein?	Die Verkehrsbezeichnung der Ware Name und Sitz der Herstellerfirma Verzeichnis der Zutaten Mindesthaltbarkeitsdatum Mengenkennzeichnung
Erklären Sie den Begriff „Verkehrsbezeichnung"!	Die nach allgemeiner Verbraucherauffassung übliche Bezeichnung für dieses Lebensmittel. Phantasiebezeichnungen müssen exakt erklärt werden.
Erklären Sie den Begriff „Zutaten"!	Alle Zutaten für dieses Lebensmittel müssen aufgezählt werden, und zwar in absteigender Reihenfolge ihres Gehaltes.
Erklären Sie den Begriff „Mindesthaltbarkeitsdatum"!	In Zukunft darf nur noch das Mindesthaltbarkeitsdatum angegeben werden. Unter drei Monate Haltbarkeit mit Angabe des Tages; über drei Monate Haltbarkeit ohne Tagesangabe. Bei über 18 Monaten Haltbarkeit ohne Monatsangabe. Es genügt die Angabe: Mindestens haltbar bis 20.. !
Für welche Art von Fertigpackungen gibt es Ausnahmen?	Sehr kleine Fertigpackungen, die für den sofortigen Einzelverzehr gedacht sind, müssen nicht den Namen des Herstellers und die Zutaten aufweisen, jedoch das Mindesthaltbarkeitsdatum und die Mengenangabe sowie die Verkehrsbezeichnung.
Führen Sie Lebensmittel auf, für die ein Mindesthaltbarkeitsdatum nicht erforderlich ist!	Frisches Obst, Gemüse und Frischkartoffeln Getränke mit über 10 Vol.-% Alkohol, Speisesalz, Zucker.

Welche Schankgefäße fallen unter den Begriff Ausschankmaße (s. Eichgesetz und Eichordnung)?	Darunter fallen Gläser, Krüge, Karaffen, Kannen u. ä. Gefäße, die zum gewerbsmäßigen Ausschank von Getränken gegen Entgelt bestimmt sind, und die erst bei Bedarf gefüllt werden.
Welche Ausschankmaße sind zulässig?	Nur Ausschankmaße mit einem Nennvolumen von 1 cl, 2 cl, 4 cl, 5 cl, 10 cl, 0,1 l, 0,2 l, 0,25 l, 0,3 l, 0,4 l, 0,5 l, 1 l, 1,5 l, 2 l, 3 l, 4 l od. 5 l.
Für welche Ausschankmaße gelten diese Regelungen nicht?	– Gefäße für alkoholische Mischgetränke, die aus mehr als 2 Getränken gemischt werden. – Gefäße für Kaffee, Tee u. Ä. – Gefäße für Kaltgetränke, die in Automaten durch Zusatz von Wasser gemischt werden. – Für Beistell-/Beisetzgläser (bei Flaschenbestellung)
Nennen Sie die Füllstrichregelungen im Detail, die noch bis 30. 10. 2016 gelten.	– Der Füllstrich muss waagerecht angebracht sein, mindestens 10 mm lang und darf auch als geschlossener Kreis ausgeführt sein; – Er muss einen bestimmten Abstand zum oberen Rand des Schankgefäßes haben (je nach Gefäßgröße); – 4- und 10-cl-Gefäße dürfen einen zweiten Füllstrich bei der Hälfte des Nennvolumens haben (2/5 cl); – die Volumenangabe in cl oder l muss in der Nähe des Füllstriches in einer bestimmten Schriftgröße angebracht sein; – auf dem Schankgefäß muss auch das Herstellerzeichen, z.B. sahm, deru, VEBA, angebracht sein; – Füllstrich, Volumenangabe und Herstellerzeichen müssen leicht erkennbar und dauerhaft sein, auch bei gefülltem Gefäß.

Wer haftet dem Gast gegenüber für die Richtigkeit von Füllstrich- und Volumenangabe?	Der Unternehmer; in unserem Falle der Gastwirt, bzw. Hotelier. In keinem Falle das Personal.
Welchen Zweck haben diätische Lebensmittel für den Benutzer?	Die Zufuhr bestimmter Nährstoffe soll gesteigert oder vermindert werden.
Wann dürfen Lebensmittel mit dem Zusatz „Diät" gekennzeichnet werden?	Wenn sie die strengen Anforderungen der Diätverordnung erfüllen.
Neben den allgemeinen Bezeichnungen der Lebensmittel-Kennzeichnungs-Verordnung müssen nach der Diätverordnung § 17 weitere für den Käufer wichtige und kaufentscheidende Kennzeichnungen aufgeführt werden. Nennen Sie die wichtigsten Kennzeichnungen und denken Sie dabei an Diätformen, Energiewert und Rohstoffe!	Der besondere Ernährungszweck und die Besonderheiten in der qualitativen und quantitativen Zusammensetzung. Die Angabe der verwertbaren Nährstoffe, wie Kohlehydrat-, Fett- und Eiweißgehalt in den Lebensmitteln. Angabe über den physiologischen Brennwert in Kilojoule (kJ) und Kilokalorien (kcal). Die Kilojouleangabe muss an erster Stelle stehen. In Diabetikerlebensmitteln müssen Art und Menge des Zuckeraustauschstoffes angegeben sein.
Wie sind Süßstoffe, z. B. Cyclamat, Saccharin und Kochsalzersatz kenntlich zu machen?	Die Kennzeichnung dieser diätischen Lebensmittel lautet: Diätisches Lebensmittel mit Süßstoff bzw. Kochsalzersatz.
Müssen die Nährwertangaben auf allgemeinen Lebensmitteln angebracht werden?	Nein, denn die Nährwertangaben sind nach der Nährwert-Kennzeichnungs-Verordnung „Kann"-Vorschriften.

Welche Bestimmungen müssen Mineralwasser erfüllen?	Ein kg Wasser muss mindestens 1000 mg gelöste Salze oder 250 mg freies Kohlendioxid enthalten.
Woraus werden künstliche Mineralwasser hergestellt?	Aus Trinkwasser mit Zusatz von Kohlendioxid; Mineralstoffen, wie Natron und Kochsalz.
Nennen Sie gesetzlich vorgeschriebene Saftanteile für Fruchtsäfte!	Fruchtsaft – 100 % Saftanteil Fruchtnektar oder Süßmost zwischen 25 % und 50 % Fruchtsaft Fruchtsaftgetränk – mindestens 30 % Saftanteil bei Kernobst, 6 % bei Zitrusfrüchten, 10 % bei anderen Früchten.
Darf Fruchtsaft Wasser zugesetzt werden?	Nur bei der Rückgewinnung aus Fruchtsaftkonzentrat darf wieder die gleiche Menge Wasser zugesetzt werden, die vorher entzogen wurde.
Nennen Sie die wichtigsten Unterschiede zwischen Brausen und Limonaden!	**Brausen:** Enthalten künstliche Süß- und Farbstoffe sowie künstliche Essenzen, Kennzeichnungspflichtig! **Limonaden:** Enthalten natürliche Essenzen, natürliche Farbstoffe und Fruchtsaft.
Auf Verpackungen tauchen sehr oft Nummern mit dem Buchstaben „E" auf. Was bedeutet diese Kennzeichnung?	Dies ist die Kenn-Nummer aus dem EU-Verzeichnis. So bedeutet z. B. die Bezeichnung „Konservierungsstoff E 200" gleichzeitig (frühere Bezeichnung) „Konservierungsstoff Sorbinsäure". „E 200" ist also die EU-Nummer.
Wie heißen die vier Biergattungen und wie lauten die jeweiligen Stammwürze-Bandbreiten?	– Bier mit niedrigem Stammwürzegehalt: unter 7 % STWG., – Schankbier: von 7 % bis 11 % STWG., – Vollbier: von 11 % bis 16 % STWG., – Starkbier: über 16 % STWG.

Wie ist die Bierschank-anlage nach der Getränkeschank-anlagen-Verordnung zu reinigen?	Bierleitungen müssen mindestens alle 14 Tage gereinigt werden. Alle Reinigungen müssen im Schank-buch eingetragen werden. Für die Sauberkeit der gesamten Anlage haftet der Gastwirt. Alle Teile, die mit Bier und Sauerstoff in Verbin-dung kommen, sind täglich zu reinigen (z. B. Zapfhähne, Abtropf-gitter, Überschankablauf, Fassküh-lung in der Theke, Überlaufauf-fangwanne, Gläserspülbecken).
Auf welchen Mindest-alkoholgehalt ist Branntwein aus Wein festgelegt?	Mindestalkoholgehalt 38 Vol.-%
Welche Angaben müs-sen nach dem Weinge-setz bei Branntwein aus Wein angegeben werden?	Qualitätsstufe, Alkoholgehalt, Names des Inverkehrbringers, bei ausländischen Weinen auch das Ursprungsland und bei Qualitäts-branntwein die AP Nr.
Wann ist beim Wein die Angabe der Reb-sorte erlaubt?	Rebsortenangabe ist nur erlaubt, wenn mindestens 85 % der verwen-deten Trauben dieser Rebsorte ent-stammen.
Wann ist die Angabe eines Jahrganges bei Wein möglich?	Ebenfalls bei einer Verwendung von mindestens 85 % Weintrauben aus dem angegebenen Lesejahr.
Wer darf seinen Wein mit Erzeugerabfüllung kennzeichnen?	Nur derjenige, der den Wein aus-schließlich aus Weintrauben, die von ihm erzeugt wurden, hergestellt und abgefüllt hat.
Wann darf der einzige erlaubte gesundheits-bezogene Begriff „für Diabetiker geeignet" angegeben werden?	Nur wenn gleichzeitig die Worte „nur nach Befragen des Arztes" und die Analysewerte auf der Flasche angegeben sind.

Welche Prädikatsstufen werden in Deutschland unterschieden?	Kabinett, Spätlese, Auslese, Beerenauslese, Trockenbeerenauslese, Eiswein.
Wie lauten die vorgeschriebenen Angaben auf den Flaschenetiketten deutscher Qualitätsweine b. A.?	– Das bestimmte Anbaugebiet, – die Qualitätsstufe „Qualitätswein", „Qualitätswein b. A." oder „Qualitätswein mit Prädikat" in Verbindung mit einem Prädikat, z. B. „Kabinett", – das Nennvolumen (Flascheninhalt), – der Name (Firma) des Abfüllers sowie Mitgliedstaat, Gemeinde (Ortsteil) seines Hauptsitzes bzw. Angabe des tatsächlichen Abfüllungsortes, – bei Versand in andere Mitgliedstaaten oder Export in Drittländer ist der Name des Erzeugermitgliedstaates angabepflichtig, – die zugeteilte amtliche Prüfungsnummer, – der vorhandene Alkoholgehalt.
Für welche Weine besteht Etikettierungspflicht?	Für alle Weine in Behältnissen bis zu 60 Liter.
Nennen Sie Herstellungsangaben auf Weinetiketten, die nicht erlaubt sind!	Nicht erlaubt nach dem Weingesetz sind z. B. „sorgfältig ausgelesen", „natur", „schonend gekeltert", „Originalabfüllung".

II. Preisangabe und Wettbewerbsrecht

Welches ist die Rechts-grundlage hinsichtlich der Preisangaben-pflicht für Wirte?

Die Verordnung über Preisangaben.

Welche Bedeutung hat die Preisangaben-pflicht für den Gast/Verbraucher?

Der Gast (Verbraucher) soll vor Täuschung und Irreführung ge-schützt werden; sie dient der Preis-wahrheit und -klarheit. Dem Gast/ Verbraucher wird es möglich, Preis-vergleiche anzustellen.

Nennen Sie wesent-liche Preisvorschriften für Bewirtungsbetrie-be!

In Gaststätten u.ä. Betrieben, in denen Speisen und/oder Getränke angeboten werden, sind die Preise in Preisverzeichnissen anzugeben. Die Preisverzeichnisse sind entwe-der auf Tischen aufzulegen oder jedem Gast vor Entgegennahme von Bestellungen und auf Verlan-gen bei Abrechnung vorzulegen oder gut lesbar anzubringen. Neben dem Eingang zur Gaststätte ist ein Preisverzeichnis anzubrin-gen (Außenaushang), aus dem die Preise für die wesentlich angebote-nen Getränke und Speisen ersicht-lich sind. Selbstbedienungsgaststät-ten, Bierzelte, Kioske u. Ä. haben ebenfalls Preisverzeichnisse der an-gebotenen Waren anzubringen, z. B. über der Theke, auf Plakaten. Nicht verzeichnete Waren dürfen nicht nebenher angeboten werden. Bei Getränken ist die Angabe des Volumens notwendig, z. B. Echt-Pils vom Fass, 0,3 l 2,10 €. Preisschilder müssen sich auch an

Fortsetzung von Seite 119	Automaten und bei nebenher angebotenen Waren, z. B. Schokolade u.Ä. befinden. Es ist ein konkreter Portionspreis anzugeben, oder der Preis je Gewichtseinheit (z. B. Forelle … je 100 g 3 €). Kann in einer Gaststätte eine Telekommunikationsanlage benutzt werden, ist der Preis je Minute in der Nähe der Anlage anzubringen. Alle angegebenen Preise müssen stets Inklusivpreise sein, d.h. alle denkbaren Zuschläge wie MwSt., Couvert, Bedienungsgeld, Getränkesteuer enthalten.
Welcher Zweck soll mit dem Anbringen eines Außenverzeichnisses erreicht werden?	Der Gast soll sich vor dem Betreten der Gaststätte über deren Angebot und die hierfür verlangten Preise informieren können.
Ist folgende Angabe auf der Speisekarte zulässig? „Schweinshaxe nach Größe" (ohne Preisangabe)	Nein, Speisenangebote nach Größe ohne konkrete Preisangabe sind unzulässig. Richtig ist: 1 Portion Schweinshaxe 12 € oder kleine Portion 8 €, große Portion 14 €.
Eine Speise ist mit „kalorienarm" gekennzeichnet. Was muss dabei angegeben sein?	Kilojoule oder Kilokalorien, Durchschnittsgehalt an Kohlehydraten, Fett und Eiweiß je Portion.
Nennen Sie Preisvorschriften für Beherbergungsbetriebe!	Beim Eingang oder bei der Anmeldestelle des Betriebes (z. B. Rezeption) ist an gut sichtbarer Stelle ein Verzeichnis anzubringen oder aufzulegen, aus dem die Preise der im Wesentlichen angebotenen Zimmer und ggf. der Frühstückspreis ersichtlich sind; diese Preise müssen ebenfalls Inklusivpreise sein;

Fortsetzung von
Seite 120

der Preis des Telefons je Minute ist im Zimmer auszulegen; verschiedene Preise für Haupt-, Vor-, Neben-Saison sind erlaubt, wenn entsprechende Datumsangabe dabei steht; Sonder- oder Zusatzleistungen müssen mit Preisen versehen sein (z. B. für Tiere, Garage, Zusatzbett); werden Parkplätze und Garagen vermietet, muss am Anfang der Zufahrt ein Preisverzeichnis angebracht sein.

Ist im Zimmerpreisverzeichnis folgender Zusatz zulässig? „Während der Heizperiode erfolgt ein Aufschlag von 15 % auf den Zimmerpreis".

Nein, der Inklusivpreis muss in diesem Fall neben der Mehrwertsteuer auch den Heizkostenzuschlag und eventuelle andere Zuschläge beinhalten.

Müssen Preisverzeichnisse aufbewahrt werden?

Ja, gemäß der Abgabenordnung sind diese Unterlagen 6 Jahre lang aufzubewahren; sie sind evtl. für die Besteuerung wichtig.

Welche Behörden überwachen die Einhaltung dieser Vorschriften?

Kreisverwaltungsbehörden, Lebensmittelüberwachung und Gewerbeaufsichtsamt.

Welches Gesetz regelt das Verhalten der Konkurrenten in Wettbewerb und Werbung?

Das „Gesetz gegen den unlauteren Wettbewerb".

Wann liegt allgemein unlauterer Wettbewerb vor?	Unlauterer Wettbewerb liegt vor, wenn Wettbewerbshandlungen zum Nachteil von Mitbewerbern, Verbrauchern oder sonstigen Marktteilnehmern in erheblichem Maße vorgenommen werden.
Nennen und erklären Sie Einzeltatbestände des unlauteren Wettbewerbs!	**Unerlaubte Werbung:** Falsche Angaben über geschäftliche Verhältnisse; z. B. Unternehmensgröße, über Qualität, Herkunft oder den Preis einzelner Waren.

Unwahre Angaben: Bewusste, unwahre Behauptungen, z. B. in einem Inserat: „Es wird nur Frischfisch verarbeitet". In Wahrheit kommt ausnahmslos tiefgefrorener Fisch zur Verarbeitung.

Vergleichende Werbung: Z. B. „Bestes Haus am Platze", „Unser Personal ist das freundlichste".

Preisschleuderei: Verkauf unter Selbstkostenpreis, um Mitbewerber zur Betriebsaufgabe zu zwingen. Bestechung: „Schmiergelder" für Aufträge.

Verrat von Geschäftsgeheimnissen: Verrat und Verwertung zum Zwecke des Wettbewerbs oder Eigennutz, z. B. Rezepturen.

Anschwärzen: Üble Nachreden über einen Konkurrenten, z. B. er befände sich in Zahlungsschwierigkeiten.

Verwechslungsgefahr: Verwendung einer Firmen- oder einer sonst typischen Bezeichnung, die Verwechslung mit einer bestehenden Unternehmung erlaubt.

Warenunterschiebung: Es wird eine andere als die bestellte Ware geliefert, z. B. ein Gast bestellt

Fortsetzung
von Seite 122
einen Cinzano, bekommt aber
einen Martini serviert.

**Was kann ein Wirt
tun, wenn er sich in
einem der oben ge-
nannten Fälle geschä-
digt fühlt?**
Der Wirt kann auf Unterlassung
und/oder auf Schadenersatz klagen.

**Nennen Sie Beispiele
unlauteren Wettbe-
werbs!**
Entscheidungsfreiheit des Verbrau-
chers mit Druck beeinträchtigen,
Unerfahrenheit von Kindern und
Jugendlichen ausnutzen, Teilnahme an Preisausschreiben von der
Inanspruchnahme einer Dienstlei-
stung abhängig machen, Mitbewerber herabsetzen oder verunglimp-
fen, Nachahmungen von Waren
oder Dienstleistungen, gezielte Be-
hinderung von Mitbewerbern.

**Beurteilen Sie folgen-
den Fall:
– Der Gast hat Beluga
Kaviar bestellt, ihm
wird jedoch deut-
scher Kaviar serviert
und zum Preis des
bestellten echten
Kaviars berechnet.**
In diesem Fall handelt es sich sogar
um eine betrügerische Warenunterschiebung.

**Kennzeichnen Sie das
Wesen der Werbung!**
Jede Werbung versucht, den Menschen zu einem bestimmten Handeln zu veranlassen. Sie zielt darauf
ab, den Absatz zu fördern, den
Umworbenen zum Kauf von Waren
oder zur Inanspruchnahme von
Dienstleistungen anzuregen.

Welches sind die Ziele der Werbung im Gastgewerbe?	Stammkunden erhalten und Geschäftsbeziehungen pflegen, neue Gäste zu gewinnen, Bedürfnisse zu wecken, Neuerungen vorzustellen, den Bedarf lenken.
Welche Grundsätze sollen bei der Werbung beachtet werden?	Wirksamkeit, Glaubwürdigkeit, Wirtschaftlichkeit, Einheitlichkeit, Zielklarheit, Originalität, Aktualität, Sozialverträglichkeit (z. B. Umweltschutz, Bewahrung der Eigenheiten des Gebietes und ihrer Bevölkerung ...).
Nennen Sie Werbemittel und dazugehörige Werbeträger!	Anzeigen: Zeitungen, Magazine Plakate: Litfaßsäulen, Werbeflächen Filme, Tonbänder: Fernsehen, Rundfunk, Kino Leuchtreklame: Außenfront Drucksachen: Werbebriefe, Prospekte Sprache: Werbegespräche, -funk Kleine Geschenke: Proben, Luftballons, Kugelschreiber Hausmarke: Sekt, Wein, Spirituose
Erklären Sie den Unterschied zwischen direkter und indirekter Werbung. Nennen Sie auch Beispiele!	**Direkte Werbung:** Die Werbemaßnahme wendet sich direkt an den Gast, z. B. Prospekt, Anzeigen, Werbegeschenk, Plakate, Kinowerbung **Indirekte Werbung:** Versuch, auf „Umwegen" Gäste zu gewinnen, z. B. guter Service, gemütliches Lokal, Kontakt zum Gast.

Welchen Arten der Werbung unterscheidet man (geben Sie auch nähere Erläuterungen und Beispiele an):	**Alleinwerbung:** Ein Hotel wirbt für sich allein.
	Sammelwerbung: Hier finden sich verschiedene Werbende zusammen, z. B. die Hotels eines Fremdenverkehrsortes werben gemeinsam.
– nach der Zahl der Werbenden?	
	Gemeinschaftswerbung: Z. B. für ein bestimmtes Gebiet, z. B. Nationalpark Bayerischer Wald.
– nach der Zahl der Umworbenen?	**Einzel-/Direktwerbung:** Sie richtet sich direkt an den einzelnen Umworbenen, z. B. Werbebrief, -gespräch.
	Massenwerbung: Eine Masse von Menschen wird angesprochen, z. B. Rundfunkwerbung, Anzeigen, Plakate.

Was verstehen Sie unter:	
– Innenwerbung?	Darunter sind Werbemaßnahmen zu verstehen, die der Werbende im Inneren seines Hauses unternimmt, um den Gast zu erhalten und evtl. als Werbenden zu gewinnen.
– Außenwerbung?	Bei dieser Werbung vesucht der Werbende durch das Äußere seines Hauses und durch Maßnahmen außerhalb seines Betriebes auf sich aufmerksam zu machen.

Geben Sie jeweils Beispiele an!	
– Innenwerbung:	Gute Küche, vorbildlicher Service, geschultes freundliches Personal, Beratungsgespräche, gemütliche Atmosphäre, Zuvorkommenheit, Empfangscocktail, Ausstellungsvitrinen, vorbildliche Speisekarte, Auslegen von Tageszeitungen, Schaufenster, Sauberkeit und

Fortsetzung von Seite 125	Ordnung, Blumen im Zimmer, Beleuchtung, Güte der Matratze, Bilder, Tapeten.
– Außenwerbung:	Wirtshausschild, Leuchtreklame, Außenfassade, Hinweisschilder, Anzeigen, Prospekt, Plakat, Kor- respondenz, Werbefunk, Kino- werbung, Lage des Hauses, Post- wurfsendung, Werbebeilagen in Zeitungen, Angebote, Teilnahme an Fachmessen und Ausstellungen.
Welche Aufgabe hat die Public-Relation-Ab- teilung eines Hotels?	Gästebetreuung und Werbung (Öffentlichkeitsarbeit).
Was versteht man unter Mailing?	Eine Werbebriefaktion.

III. Verträge im Gastgewerbe und Gaststättenrecht

Nennen Sie Verträge, die speziell im Gastge- werbe abgeschlossen werden!	Bewirtungs-, Beherbergungs-, Bier- lieferungs-, Verwahrungs- und Automatenaufstellungsvertrag, Franchising, Leasing.
Erklären Sie, wie ein Bewirtungsvertrag zu- stande kommt!	Er kommt wie jeder Vertrag durch 2 übereinstimmende Willenserklä- rungen (= Antrag und Annahme) zustande. Getränke- und Speisekarte = Ange- bot (Antrag) des Wirtes. Bestellung = Annahme durch den Gast.

Darf der Wirt einen Gast zurückweisen?	Der Wirt kann im Allgemeinen den Kreis seiner Gäste bestimmen. Er kann nicht nur bestimmten Personen, sondern auch gewissen Kreisen der Bevölkerung den Besuch in seiner Gaststätte verweigern. Dies ermöglicht ihm das Hausrecht. Die Erlaubnis (= Konzession) zum Betrieb einer Gaststätte begründet nicht die Verpflichtung, jeden Gast in sein „Lokal" zu lassen (kein Kontrahierungszwang/Vertragszwang).
Welche Zurückweisungsgründe könnte Ihrer Meinung nach ein Gastwirt haben? Was muss er dabei beachten?	Der Gast passt nicht in den Rahmen und zum Charakter des Betriebes, z. B. unpassende Kleidung. Die Zurückweisung soll also triftige Gründe haben. Sie darf nicht schikanös und willkürlich sein, sonst könnte der Gast evtl. Strafanzeige wegen Beleidigung stellen. Eine Zurückweisung des Gastes nur wegen seiner Rasse, Religion, Hautfarbe oder Geschlechts ist sittenwidrig.
In welcher Form soll der Gastwirt den Gast zurückweisen?	Der Gastwirt muss den Gast höflich zurückweisen, nach Möglichkeit nicht vor Dritten. Andernfalls könnte dies leicht zur Beleidigung werden.
Nennen Sie Beispiele, wann ein Gast aufgenommen werden muss!	Aufnahmepflicht besteht nur z. B. bei Gefahr für Leib und Leben des Gastes. Sittenwidrig könnte z. B. eine Zurückweisung bei einem Lokal sein, das eine ausgesprochene Monopolstellung hat, z. B. Ausflugslokal im einsamen Gebiet.
Welche Pflichten erwachsen dem Wirt aus dem Bewirtungsvertrag?	Der Gastwirt hat die bestellten Speisen und/oder Getränke in einwandfreier Qualität und in angemessener Zeit zu servieren.

Welche Rechte könnte der Gast bei Schlechterfüllung durch den Wirt in Anspruch nehmen?	Entsprechen die Speisen und/oder Getränke hinsichtlich Qualität, Menge und Servierzeit nicht den Erwartungen, welche der Gast angemessenerweise stellen darf, so hat dieser das Recht auf Herabsetzung des Preises oder Rücktritt vom Kaufvertrag (= Wandelung). Dann muss der Wirt die Ware zurücknehmen und der Gast wird von der Zahlung befreit. Nachbesserung nur mit Einwilligung des Gastes. Zum Schadenersatz kann der Wirt nur verpflichtet werden, wenn er oder sein Personal schuldhaft gehandelt haben, z. B. verdorbene Speisen, Glassplitter im Essen.
Welche Pflichten hat der Gast?	Er muss rechtzeitig und ordnungsgemäß servierte Speisen und/oder Getränke annehmen und (sofort) bezahlen. Stundung, Rabatt und Skonto sind die sehr seltene Ausnahme.
Aus welchen Verträgen besteht jeder Beherbergungsvertrag?	Der Beherbergungsvertrag besteht immer aus einem Miet- und einem Dienstleistungsvertrag.
Welches sind die wesentlichen Inhalte dieser Verträge?	**Mietvertrag:** Bereitstellung des gebuchten Zimmers (Einzelzimmer, Doppelzimmer, Zimmer mit Balkon) für die Dauer des Aufenthaltes. Die Zimmer müssen die übliche Einrichtung haben, z. B. Bett, Schrank, Licht, Fenster usw. **Dienstleistungsvertrag:** Service, Zimmerreinigung, Aufenthaltsraum, sanitäre Einrichtungen.

Welche Pflichten für den Wirt ergeben sich aus dem Beherbergungsvertrag?	Bereitstellung und Überlassung des Zimmers, der Aufenthaltsräume und sanitären Einrichtungen; Bewirtung gemäß Vertrag (z. B. Halb- bzw. Vollpension); nicht in Anspruch genommene Zimmer nach Möglichkeit anderweitig vergeben; bei Nichtbereitstellung des Zimmers Schadenersatz; Verschwiegenheit; Schutz vor Lärm.
Welche Pflichten ergeben sich für den Gast?	Der Gast muss für einen Schaden, der er oder eine Begleitperson verursacht haben, haften. Ferner muss er die Hausordnung einhalten. Vor der Abreise hat er den vereinbarten Preis zu bezahlen. Sagt der Gast ab, und kann der Wirt das Zimmer nicht anderweitig vermieten, so hat er Schadenersatz zu leisten.
Welche möglichen Rechte kann der Wirt in Anspruch nehmen?	Er hat das Pfandrecht, wenn der Gast nicht bezahlt; will er nicht pfänden, kann er Strafanzeige erstatten; kommt der Gast nicht, und kann er das Zimmer nicht anderweitig vermieten, so kann er Schadenersatz verlangen; in Extremfällen kann er dem Gast kündigen, z. B. Gast zündelt im Zimmer, er hat eine ansteckende Krankheit.
Wie hoch ist der Schadenersatz, den der Gastwirt bei Nichtbelegung des Zimmers vom Gast verlangen kann?	
– bei Ferienwohnungen:	bis 90 % des Preises
– bei Übernachtung mit Frühstück:	bis 80 % des Preises
– bei Halbpension:	bis 70 % des Preises
– bei Vollpension:	bis 60 % des Preises

Kommt es auf die Gründe der Abbestellung an?	Im Allgemeinen nicht. Die Gründe hat der Gast zu vertreten, z. B. Geldknappheit, Krankheit.
Welche Rechte kann der Gast in Anspruch nehmen?	Wenn der Hotelier das zugesagte Zimmer nicht zur Verfügung stellen kann, und auch kein adäquates Ausweichquartier anbietet, kann der Gast wegen „vertaner Urlaubsfreude" Schadensersatz fordern und abreisen. Dieses Recht hätte er auch, wenn bedeutende Zusagen, z. B. sehr ruhige Lage, nicht eingehalten werden.
Welche Gäste haben einen Meldeschein auszufüllen?	Einen Meldeschein brauchen nur Beherbergungsgäste auszufüllen. Sie sollten dies am Tag der Ankunft und handschriftlich tun.
Was ist in den Meldeschein einzutragen?	Personalien des Gastes und einer evtl. Begleitperson (gemeinsamer Familienschein), minderjährige Kinder (Zahl), Ankunfts- und Abreisetag, Geburtsdatum, Staatsangehörigkeit, Unterschrift.
Welche Sonderregelungen gibt es für Reisegesellschaften?	Bei mehr als 10 Personen werden die Reisenden auf dem Meldeschein **nur** zahlenmäßig erfasst. Der Reiseleiter gibt eine Liste der Mitreisenden an der Rezeption ab.
An welche Behörde geht die monatliche Beherbergungsstatistik?	An das Landesamt für Statistik und Datenverarbeitung.
Wie lange muss der Vermieter die Meldescheine aufbewahren?	Mindestens ein Jahr (sorgfältig, d. h. Schutz vor Einsichtnahme Unbefugter, dann vernichten).

Weshalb schließt ein Wirt mit einer Brauerei einen Bierlieferungsvertrag ab?	Bierlieferungsverträge erleichtern oftmals die Existenzgründung. Dem Wirt werden entweder das Mobilar und die Schankanlagen gestellt, er erhält ein günstiges Darlehen oder einen Zuschuss von der Brauerei.
Welche Pflichten übernimmt der Wirt durch den Abschluss eines Bierlieferungsvertrages?	Der Wirt kauft das benötigte Bier nur von der Vertragspartei (Ausschließlichkeitsvertrag). Er verpflichtet sich zur Abnahme einer bestimmten Menge über einen längeren Zeitraum.
Welche Laufzeit darf **– ein reiner Bierlieferungsvertrag** **– ein gemischter Getränkebezugsvertrag haben?**	Bis 10 Jahre. Bis 5 Jahre.
Welche Nachteile bringt dieser Vertrag für den Wirt mit sich?	Die langfristige Bindung erschwert den Brauereiwechsel, z. B. bei wechselndem Publikumsgeschmack. Die Geschäftsübergabe von Vertragsablauf wird erschwert. Es sind hohe Vertragsstrafen festgelegt. Für die Getränke ist ein höherer Bezugspreis zu bezahlen.
Welche Form muss ein Bierlieferungsvertrag haben?	Es ist die Schriftform vorgeschrieben (Kartellgesetz).
Was beinhaltet der Leasingvertrag?	Er beinhaltet die Gebrauchsüberlassung von Wirtschaftsgütern, z. B. Fahrzeuge, Hotelwäsche, Berufskleidung, Computer gegen ein im Vertrag vereinbartes Entgelt. Die Überlassung erfolgt üblicherweise mittel- bis langfristig. Die wichtigsten Varianten sind die Vollamortisation und Teilamortisation.

Erklären Sie Franchising!	Der Franchisinggeber entwickelt ein Geschäftskonzept und stellt dieses Know-how einem selbständigen Unternehmer gegen eine Gebühr, z. B. in % vom Umsatz, zur Verfügung. Beispiele: IBIS-Hotels, Mc Donalds, OBI, Eismann, Foto-Quelle, First-Reisebüro.
Welche 3 allgemeinen Voraussetzungen müssen gegeben sein, damit ein Wirt zur Haftung heranzuziehen ist?	Es muss ein Schaden entstanden sein, den Wirt muss ein Verschulden treffen (Vorsatz, grobe oder einfache Fahrlässigkeit) und es muss Widerrechtlichkeit gegeben sein.
Wann liegt keine Widerrechtlichkeit vor?	Bei Notwehr und Notstand.
Eine Dame zerreißt sich am rauen Tischbein ihre Strümpfe. Sie hatte noch nichts bestellt. Muss der Wirt haften?	Ja, es handelt sich zwar hier um einen vorvertraglichen Zustand, aber der Wirt muss bereits haften.
Haftet der Wirt auch für Verschulden seiner Mitarbeiter?	Im Rahmen vertraglicher Beziehungen haftet der Wirt auch für das Verschulden seiner Mitarbeiter (= Erfüllungsgehilfen). Handelt es sich beim Geschädigten nicht um einen Gast, so ist eine Haftung für Mitarbeiter (= Verrichtungsgehilfen), die im Rahmen beruflicher Tätigkeit gehandelt haben, nur dann gegeben, wenn der Wirt bei der Auswahl des „Gehilfen" die erforderliche Sorgfalt außer acht gelassen hat.

Was ist unter strenger Haftung zu verstehen?	Unter strenger Haftung versteht man die Haftung ohne eigenes Verschulden, also für den Zufall.
Unter welchen Voraussetzungen haftet ein Gastwirt auch ohne Verschulden?	Die strenge Haftung gilt nur für gewerbsmäßige Beherbergungswirte. Weitere Voraussetzungen sind, dass der Gast zur Beherbergung aufgenommen wird (Vertrag oder Vorvertrag) und dass die Sachen, für die der Wirt haften muss, eingebracht sind.
Wann gilt eine Sache als eingebracht?	Als eingebracht gelten (egal, ob der Gast Eigentümer ist oder nicht): Sachen, die sich im Hotel am üblichen Ort befinden, z.B. im Zimmer; Sachen, die sich am angewiesenen Ort befinden, z.B. Ski in einem Schuppen; Sachen, die außerhalb des Hauses vom Wirt in Empfang genommen werden, z.B. Koffer werden vom Bahnhof abgeholt; Sachen, die in angemessener Frist vorher eintreffen oder nach der Abreise im Hotel verbleiben.
In welcher Höhe haftet der Gastwirt auch ohne Verschulden (strenge Haftung)?	Diese Haftung ist beschränkt. Der Wirt haftet für eingebrachte Sachen nur bis zum 100fachen des reinen Beherbergungspreises für einen Tag, mindestens bis 600 €, höchstens bis 3500 €. Für Geld, Wertpapiere und Kostbarkeiten tritt an Stelle von 3500 € der Betrag von 800 €.
In welchen Fällen haftet der Hotelier unbeschränkt?	Unbeschränkt ist die Haftung, wenn der Verlust, die Zerstörung oder die Beschädigung vom Wirt oder seinen Mitarbeitern verschuldet ist. Ferner, wenn es sich um

Fortsetzung
von Seite 133

eingebrachte Sachen handelt, die er zur Aufbewahrung übernommen oder deren Übernahme zur Aufbewahrung er abgelehnt hat, obwohl er dazu verpflichtet gewesen wäre.

Ist der Gastwirt verpflichtet, eingebrachte Sachen zur Aufbewahrung anzunehmen?

Der Gastwirt ist grundsätzlich verpflichtet, Sachen zur Aufbewahrung anzunehmen, es sei denn, dass die Gegenstände im Hinblick auf die Größe oder den Rang der Gastwirtschaft von übermäßigem Wert sind, z. B. kann ein Dorfgasthof die Aufbewahrung einer wertvollen Kette ablehnen, ein Luxushotel nicht.

Welche Pflichten hat der Gast, wenn ihm eine Sache abhanden gekommen ist?

Der Gast muss dem Wirt unverzüglich den Verlust mitteilen. Ihn trifft auch die Beweispflicht.

Wann ist Ihrer Meinung nach die Haftung des Wirtes ausgeschlossen?

Der Wirt haftet nicht bei Verschulden des Gastes, einer Begleitperson von ihm oder einer beim Gast aufgenommenen Person. Ebenfalls ist die Haftung für Fahrzeuge und Sachen, die in einem Fahrzeug belassen worden sind, ausgeschlossen. Ferner die Haftung für lebende Tiere, für Sachen, die nicht oder nicht mehr eingebracht sind, z. B. Anzug in der Reinigung; für Sachen, die durch die Beschaffenheit der Sache entstanden, z. B. alter Koffer; bei höherer Gewalt, z. B. Blitzschlag und für die Garderobe des Passanten.

Wann hat ein Wirt das Pfandrecht?	Ein Pfandrecht hat nur derjenige Wirt, der gewerbsmäßig Fremde zur Beherbergung aufnimmt. Ferner muss zwischen Wirt und Gast ein Beherbergungsvertrag bestehen und es muss sich um Forderungen handeln, für die dem Wirt ein Pfandrecht zusteht.
Welche Forderungen des Wirtes an den Gast unterliegen dem Pfandrecht?	Dem Pfandrecht unterliegen die Gesamtforderungen des Gastwirtes, also alle Forderungen aus: Beherbergung (Zimmerpreis); Zeche (Speisen und Getränke); Nebenleistungen und Auslagen (z. B. Telefongebühren); Beschädigungen, die der Gast verursacht hat.
Für welche Forderung steht dem Wirt kein Pfandrecht zu?	Für Darlehensforderungen
Welche Sachen, allgemein ausgedrückt, unterliegen dem Pfandrecht?	Es können nur eingebrachte Sachen gepfändet werden.
Dürfen auch eingebrachte Sachen von Begleitpersonen gepfändet werden?	Ja, ein Pfandrecht besteht auch an den eingebrachten Sachen der Begleiter des Gastes.
Welche eingebrachten Sachen darf der Wirt nicht pfänden?	Unpfändbar sind: Alle Sachen, die dem Gast nicht gehören, z. B. Leihbücher; alle persönlichen Dinge, z. B. Ehering; alle zur Erwerbstätigkeit notwendigen Sachen, z. B. Musterkoffer eines Vertreters; das Kfz des Gastes samt Inhalt; künstliche Gliedmaßen, Brillen, Hörgeräte u. Ä.; unentbehrliche Kleidung.

Wie kann der Wirt bei der Pfändung vorgehen?	Falls der Gast Pfandsachen nicht freiwillig herausgibt, kann der Wirt von seinem Selbsthilferecht Gebrauch machen. Er darf sein Pfandrecht aber nur so weit ausüben, wie es zur Befriedigung seiner Ansprüche (Forderungen) notwendig ist.
Was hat der Wirt bei der Verwertung des Pfandes zu beachten?	Er hat die gepfändeten Sachen sorgfältig und kostenlos zu verwahren. Sobald der Gast die Schuld bezahlt bzw. eine andere Sicherheit stellt, z. B. Bürgschaft, hat der Wirt die Sachen herauszugeben. Anderenfalls muss er das Pfand versteigern lassen. Dabei ist zu berücksichtigen, dass die Versteigerung dem Schuldner mindestens 1 Monat vor dem Termin angedroht werden muss. Die Versteigerung muss öffentlich und von einem Gerichtsvollzieher vollzogen werden. Anschließend erfolgt eine Abrechnung, Mehrerlös erhält der Schuldner, Mindererlös trägt der Schuldner.
Wann ist Zechprellerei (= Zechbetrug) strafbar?	Zechprellerei ist nur dann strafbar, wenn die Voraussetzungen des Betrugs gegeben sind.
Nennen Sie die 4 Voraussetzungen des Betrugs!	Es muss eine vorsätzliche/bewusste/gewollte Täuschung vorliegen, z. B. des Gastes über eine Zahlungswilligkeit oder -fähigkeit. Aufgrund dieser Täuschung wird ein Irrtum erregt, z. B. der Gastwirt nimmt an, der Gast wird auch bezahlen und nimmt dessen Bestellung entgegen. Durch Täuschung und Irrtum verschafft sich der Betrüger einen Vermögensvorteil, z. B. Verzehr

Fortsetzung von Seite 136	von Getränken und Speisen. Der Gastwirt erleidet einen Vermögensschaden, da der Gast ohne bezahlt zu haben verschwindet.
Wann liegt Einmietbetrug vor?	Wenn der Gast ohne Bezahlung des Übernachtungspreises vorsätzlich verschwindet oder verschwinden will.
Kann ein Schank- und Speisewirt bei einem Zechbetrüger pfänden?	Nein, bei Zechbetrug steht nur dem Beherbergungswirt gegenüber dem Beherbergungsgast ein Pfandrecht zu.
Wie darf man sich gegenüber einem Betrüger verhalten?	Nach § 127 StPO hat jedermann das Festnahmerecht, wenn er einen unbekannten Täter auf frischer Tat ertappt und die Gefahr der Flucht besteht. Der Gastwirt kann auch zur Selbsthilfe greifen (§ 229 BGB), wenn er den Gast nicht kennt, notfalls Sachen von ihm wegnehmen, zerstören oder beschädigen, und ihn festhalten bis die Polizei kommt. Will der Gast dann immer noch nicht bezahlen, kann man ihn anzeigen; der Hotelier könnte auch von seinem Pfandrecht Gebrauch machen.
Was hat der Wirt bei der Anwendung von Gewalt zu beachten?	Bei der Selbsthilfe darf man auch relative Gewalt anwenden. Ist der Betrug nicht eindeutig, sollte er keine Gewalt anwenden, denn sonst besteht die Gefahr, dass er wegen Nötigung rechtlich belangt wird.

Nennen Sie Möglichkeiten, wie ein Gastronom Betrug vorbeugen könnte.	Sofort nach dem Service abkassieren, z. B. üblich in Discos, Bierzelten, Ausflugsgaststätten; die Eintragungen im Meldeschein mit dem Ausweis vergleichen; Vorauskasse, z. B. bei Kurzaufenthalt im Hotel; bei längerem Aufenthalt Abschlagszahlungen fordern; Teilnahme am Hotwarn-System von Hotels; Zusammenarbeit mit der Polizei und der Presse; Hoteldetektive anstellen; Gäste „im Auge" behalten.
Wann gilt eine Sache als verloren?	Eine Sache gilt dann als verloren, wenn sie dem Verlierer zufällig und gegen seinen Willen abhanden kommt und er nicht weiß, wo sie augenblicklich liegt. Gestohlene oder verlegte Sachen gelten nicht als verloren.
Kann man in einem Hotel oder Restaurant etwas verlieren?	Normalerweise nicht, nur in Extremfällen, z. B. Ring hinter einem Schrank.
Wer gilt im rechtlichen Sinne als Finder?	Im Hotel oder Restaurant normalerweise der Wirt, sonst derjenige, der die Sache findet und an sich nimmt.
Welche Pflichten hat der Finder?	Er muss sofort den Empfangsberechtigten unterrichten. Ist der Verlierer unbekannt, muss der Finder den Fund bei der Polizei oder dem Fundamt anzeigen. Die gefundenen Sachen sind aufzubewahren, falls die Polizei oder das Fundbüro nicht auf Ablieferung bestehen. Wenn sich der Verlierer gemeldet hat, ist die Sache zurückzugeben.
Wann entfällt die Anzeigepflicht?	Sie entfällt, wenn die Sache nicht mehr als 10 € wert ist.

Welche Rechte stehen dem Finder zu?	Er hat das Recht auf Finderlohn, Ersatz der Kosten und Auslagen, z. B. Porto, Telefon. Falls der Verlierer z. B. den Finderlohn nicht bezahlt, hat er das Zurückbehaltungsrecht. Meldet sich der Verlierer nach dem Ablauf von 6 Monaten nach der Anzeige nicht, erwirbt der Finder das Eigentum an der Sache.
Wie hoch ist der Finderlohn?	Der Finderlohn beträgt vom Wert einer Sache bis zu 500 € 5 %, vom Mehrwert 3 %, bei Tieren 3 %.
Berechnen Sie den Finderlohn für eine Sache im Wert von 1600 Euro!	5 % von 500 Euro = 25 Euro + 3 % von 1100 Euro = 33 Euro ――――――――――――――――― Finderlohn = 58 Euro
Welche Sachen gelten als liegen gelassen?	Liegen gelassene Sachen sind solche, welche der Gast beim Verlassen des Hotels oder Restaurants versehentlich zurücklässt.
Welche Sachen werden häufig liegen gelassen?	Brillen, Schirme, Mäntel, Koffer, Handtücher, Handy, Kosmetika, Schmuck, Unterwäsche.
Welche Rechte kann der Entdecker geltend machen?	Er kann den Ersatz der entstandenen Kosten, z. B. Porto, Telefon, Versand, verlangen. Meldet sich der Gast nicht, wird er nach insgesamt 12 Monaten Eigentümer.
Welche Pflichten hat der Entdecker liegen gelassener Sachen?	Ist ihm der Gast bekannt, muss ihn der Wirt benachrichtigen. Anderenfalls hat er sie 6 Monate unentgeltlich zu verwahren; dann muss er sie bei der Polizei bzw. beim Fundamt anzeigen. Die Sache wird nun wie ein Fund behandelt. Wenn sich der Gast meldet, ist sie herauszugeben.

Was hat das Personal zu tun, wenn es eine Sache findet oder entdeckt?	Es muss die Sache sofort beim Vorgesetzten/Hausdamenoffice/Rezeption abgeben. Dort wird die Sache in ein Fundbuch eingetragen und sorgfältig verwahrt. In der Praxis wartet man meist auf die Nachfrage des Gastes, um ihm evtl. die Sache nachzusenden.
Bestimmte Veranstaltungen bedürfen der Erlaubnis bzw. müssen angezeigt werden. Bei welcher Behörde?	Der Antrag ist bei der zuständigen Behörde (Gemeinde, Landratsamt) einzureichen. Im Antrag ist die Art und Zeit der Veranstaltung sowie die Räume genau zu bezeichnen.
Wer hat die Veranstaltung anzuzeigen?	Anzeigepflichtig ist der Veranstalter und/oder derjenige, der seine Räumlichkeiten hierfür zur Verfügung stellt, also z. B. der Gastwirt.
Welche Veranstaltungen müssen von der zuständigen Behörde erlaubt werden?	Nach § 33a der Gewerbeordnung: Gewerbsmäßige Schaustellungen von Personen in der Öffentlichkeit, z. B. Go-Go-Show, Damenboxen oben ohne, Damencatchen, Peep-Show, Striptease.
Nennen Sie Veranstaltungen, die nicht erlaubnispflichtig sind!	Der Erlaubnis bedürfen Schaustellung von Personen nicht, wenn sie Darbietungen mit übeweigend künstlerischem, sportlichem, akrobatischem oder ähnlichem Charakter sind, z. B. Modenschau, Body Building.
Wann ist eine erlaubnispflichtige Veranstaltung zu versagen?	Die Erlaubnis ist zu versagen, wenn der Antragsteller unzuverlässig ist, die Schaustellung den guten Sitten zuwiderläuft, z. B. Frauen hinter Gittern, den öffentlichen Interessen entgegensteht, z. B. Lärmbelästigung, schädliche Umwelteinwirkungen, oder die Räume hierfür nicht geeignet sind.

Für welche Personen gilt das Jugendschutzgesetz?	Kinder von 0–14 Jahren (bis zum 14. Geburtstag) und Jugendliche von 14–18 Jahren (bis zum 18. Geburtstag).
Welchen Zweck soll dieses Gesetz erfüllen?	Dieses Gesetz verpflichtet die Erziehungsberechtigten, Gewerbetreibenden, Veranstalter und zuständigen Behörden, die Kinder und Jugendlichen vor sittlichen und gesundheitlichen Gefährdungen sowie vor Verwahrlosung zu schützen.
Wer ist personensorgeberechtigte Person, wer kann erziehungsbeauftragte Person sein?	**Personensorgeberechtigte:** Eltern oder ein Vormund; Personensorge umfasst die Pflege, Erziehung, Aufsicht, Aufenthalt und Umgang des jungen Menschen. **Erziehungsbeauftragter:** Jede Person über 18 Jahre mit Einverständnis des Personensorgeberechtigten, sowie im Rahmen der Ausbildung z. B. Chef, Ausbilder, Lehrer, Internatsleiter und Verantwortliche des Trägers der Jugendhilfe. Begleitung setzt voraus, dass die Begleitperson ihre Aufgaben als Aufsichts- und Betreuungsperson auch tatsächlich wahrnimmt.
Nennen Sie Beispiele von Trägern der Jugendhilfe!	Jugendamt, Mitgliedsverbände des Kreisjugendrings, Caritas, Kolping, Deutsches Rotes Kreuz, Pfadfinder, Gewerkschafts- und Parteijugend, Arbeiterwohlfahrt.

Wie sind nach dem Jugendschutzgesetz folgende Gefährdungssituationen geregelt?

– Der Aufenthalt in Gaststätten u. a. Betrieben:

Kinder und Jugendliche unter 16 Jahren dürfen sich dort nur in Begleitung einer erziehungsbeauftragten oder personensorgeberechtigten Person aufhalten, außer von 5 bis 23 Uhr zur Einnahme einer Mahlzeit oder eines Getränkes wenn ein sachlicher Grund vorliegt.
Ausnahmen hiervon:
Auf Reisen, z. B. warten auf Abholung, oder der Veranstalter ist Träger der Jugendhilfe.
Jugendliche von 16–18 Jahren dürfen sich – auch alleine – bis 24 Uhr dort aufhalten.

– Abgabe und Verzehr von anderen alkoholischen Getränken, z. B. Bier, Wein, Sekt, Radler

Kinder unter 14 Jahre: ausnahmslos verboten; Jugendliche von 14–16 Jahren: nur in Begleitung einer personensorgeberechtigten Person; Jugendliche unter 18 Jahre: erlaubt

– Abgabe und Verzehr von Branntwein

Für Kinder und Jugendliche ausnahmslos verboten.

– Automatenabgabe von Bier

In der Öffentlichkeit grundsätzlich verboten, außer an einem für Kinder und Jugendliche unzugänglichem Ort, oder in einem gewerblichen Raum, wenn durch technische Vorrichtung oder durch ständige Aufsicht sichergestellt ist, dass Kinder und Jugendliche keine Getränke entnehmen können.

– Die Anwesenheit bei öffentlichen Tanzveranstaltungen:

Unter 16 Jahren ist die Anwesenheit nur in Begleitung einer personensorgeberechtigten oder erziehungsbeauftragten Person

gestattet. **Ausnahmen:** Kinder und Jugendliche unter 16 J. dürfen ohne Begleitung anwesend sein, wenn
– der Veranstalter ein anerkannter Träger der Jugendhilfe ist,
– die Veranstaltung der Brauchtumspflege oder
– der künstlerischen Betätigung dient.
Kinder dann bis 22 Uhr, Jugendliche bis 24 Uhr.
16- und 17-jährige dürfen allg. bis 24 Uhr anwesend sein.

– Die Anwesenheit in Nachtlokalen o. Ä.:

Die Anwesenheit ist nur Personen ab 18 Jahren erlaubt.

– Abgabe von Tabakwaren und Rauchen in der Öffentlichkeit:

Für Kinder und Jugendliche bis 18 Jahre verboten.

– Aufstellen von Zigarettenautomaten

In der Öffentlichkeit dürfen diese Automaten nur dann aufgestellt werden, wenn der Ort für Kinder und Jugendliche unzugänglich ist, oder durch technische Vorrichtungen oder durch ständige Aufsicht sichergestellt ist, dass Kinder und Jugendliche Tabakwaren nicht entnehmen können.

– Anwesenheit in Spielhallen und Teilnahme an Spielen mit Gewinnmöglichkeit:

Kinder und alle Jugendliche haben hierzu keinen Zutritt, dürfen an solchen Spielen nicht teilnehmen und an entsprechenden Automaten, z. B. Geldspielautomaten, nicht spielen.

– Spielen an elektronischen Bildschirmspielgeräten

Erst Jugendlichen ab 16 Jahren auch ohne Begleitung erlaubt; ansonsten nur in Begleitung.

– Besuch öffentlicher Filmveranstaltungen:	Kinder unter 6 Jahren müssen in Begleitung sein, andere Kinder ohne Begleitung bis 20 Uhr; Jugendliche unter 16 Jahren bis 22 Uhr und unter 18-jährige bis 24 Uhr.
Muss der Wirt das Jugendschutzgesetz in seinem Lokal aushängen?	Ja, in deutlich erkennbarer Form an sofort sichtbarer Stelle; inhaltlich verständlich und leicht fassbar.
Kann dem Wirt zugemutet werden, eine gezielte Kontrolle bei seinen Gästen durchzuführen?	Dies wird vom Gastwirt verlangt. Bei Tanzveranstaltungen genügt es nicht, um 24 Uhr durch Lautsprecher bekanntzugeben, dass Jugendliche ohne Begleitung das Lokal zu verlassen haben. Der Wirt müsste Gäste, die nach ihrem äußeren Erscheinungsbild die Altersgrenze noch nicht erreicht haben, befragen oder sich den Ausweis zeigen lassen.
Welche Folgen könnten Verstöße gegen das Jugendschutzgesetz für den Wirt haben?	Der Wirt kann mit Geldstrafe oder mit Freiheitsstrafe bis zu einem Jahr bestraft werden, evtl. sogar Konzessionsentzug (z. B. bei sittlicher Gefährdung des jungen Menschen).
Bei welcher Stelle müssen Musikveranstaltungen gemeldet werden?	Bei der GEMA (= Gesellschaft für musikalische Aufführungs- und mechanische Vervielfältigungsrechte).
Welche Musikaufführungen müssen gemeldet werden?	Alle Musikveranstaltungen, die öffentlich und zu gewerblichen Zwecken aufgeführt werden, sind meldepflichtig. Dazu zählen nicht nur Tanzveranstaltungen, sondern auch Musik von CD, Tonband, Radio-, und Fernsehgeräte und Musikbox.

Wer hat die Meldung vorzunehmen?	Für die Meldung und Zahlung der Gebühren ist der Veranstalter verantwortlich. Der Wirt haftet neben dem Urheberrechtsverletzer gesamtschuldnerisch, wenn er die nicht gemeldete Musikaufführung bei sich geduldet hat.
Welche Aufgabe hat die GEMA?	Die GEMA wahrt die Urheberrechte der Komponisten, Textdichter und Musikverleger. Das Urheberrecht erlischt 70 Jahre nach dem Tod des Urhebers.
Wovon hängt die Höhe der GEMA-Gebühr ab?	Es gibt unterschiedliche Vergütungssätze. Zum einen hängt die Gebührenhöhe von der Art der musikalischen Veranstaltung ab, z. B. Tanz, Radiowiedergabe, zum anderen, ob man eine Einzelgenehmigung oder eine Pauschalgenehmigung hat. Des Weiteren sind die jeweiligen Gebühren von der Größe der Veranstaltung, z. B. Zahl der Gäste, Höhe des Eintrittsgeldes, Größe des Veranstaltungsraumes und der Häufigkeit der Veranstaltung abhängig.
Nennen Sie die Rechtsgrundlage für die Sperrzeitregelung!	§ 18 des Gaststättengesetzes, Gaststätten- oder Sperrzeitverordnung des jeweiligen Bundeslandes, Sonderregelungen, z. B. für München, für Biergärten.
Was versteht man unter Sperrzeit?	Unter Sperrzeit versteht man einen Zeitraum, in dem der Gaststättenbetrieb ruht (d. h. kein Ausschank und Verkauf) und sich keine Gäste in den Schankräumen aufhalten dürfen.

Wer gilt als Gast?	Gast ist, wer sich mit Zustimmung des Wirtes in den Schankräumen aufhält.
Wer setzt die Sperrzeit fest und für welche Betriebe gilt sie allgemein?	Das Gaststättengesetz (§ 18) verpflichtet die jeweilige Landesregierung, für Schank- und Speisewirtschaften sowie für öffentliche Vergnügungsstätten durch Rechtsverordnung eine Sperrzeit allgemein festzusetzen.
Gilt die Sperrzeit auch für eine Straußwirtschaft?	Ja, auch für gastgewerbliche Betriebe, für die keine Konzession erforderlich ist, gilt die Sperrzeitregelung.
Welchen Zweck verfolgt die Sperrzeitregelung?	Als Zweck ist das Interesse der Volksgesundheit zu sehen, die Bekämpfung des Alkoholmissbrauchs, der Schutz des beschäftigten Personals (Arbeitsschutz), Nachtruhe und Schutz der Interessen der Konkurrenz.
Welche Pflichten hat der Wirt bei Eintritt der Sperrzeit?	Der Wirt hat seinen Gästen die Sperrzeit anzukündigen und sie zum Verlassen des Lokals aufzufordern. Er darf keine Speisen und Getränke mehr abgeben. Der Gast hat noch die Möglichkeit, innerhalb einer sog. Schonfrist (ca. 15 Min.) die servierten Speisen und Getränke zu verzehren. Der Wirt muss alles versuchen, die Gäste zum Verlassen des Lokals zu bewegen, z. B. Fenster öffnen. Wenn dies alles nicht hilft, muss er die Polizei benachrichtigen.

Bestimmte Betriebs-arten sind von der Sperrzeitregelung aus-genommen. Nennen Sie diese!	Beherbergungsbetriebe: Ist das Ho-telrestaurant öffentlich zugänglich, so gilt hierfür schon die Sperrzeit. Automatenabgabe: Die Abgabe von Speisen und Getränken zum Ver-zehr an Ort und Stelle in Betrieben an dort Beschäftigte. Bundeswehreinrichtungen: Z. B. Offizierscasino. Gaststättenbetriebe auf Schiffen, in Flugzeugen und Zügen; Autobahn-raststätten.
Ausnahmen gibt es auch für bestimmte Personen. Für welche?	Beherbergungsgäste: Bewirtung aber nur in Räumen, die der Allge-meinheit nicht zugänglich sind. Restaurantgäste in Gefahrensitua-tionen, z. B. Unwetter. Es darf aber keine Bewirtung erfolgen. Personal: Bewirtung ist zulässig.
Gemeinden oder Ord-nungsämter können Sonderregelungen der Sperrzeit vornehmen. Nennen und beschrei-ben Sie diese!	Bei Vorliegen eines öffentlichen Bedürfnisses oder besonderer ört-licher Verhältnisse können diese Behörden die Sperrzeit allgemein oder für einzelne Betriebe verlän-gern, verkürzen oder aufheben. **Verlängerung:** Darunter ist eine Vorverlegung des Beginns und/ oder ein Hinausschieben des Endes der Sperrzeit zu verstehen, z. B. in Kurorten. **Aufhebung:** Die Sperrzeit ist/wird aufgehoben, z. B. aus ganz beson-derem Anlass wie 1500-Jahrfeier eines Ortes oder sog. „Freinacht" anlässlich der Darbietung eines Volksschauspieles. Da nahezu in jedem Bundesland die Sperrzeit auf die sog. „Putz-stunde" oder „Kehrstunde" von 5 – 6 Uhr reduziert wurde, kommt

Fortsetzung von Seite 147	praktisch eine Verkürzung der Sperrzeit nicht mehr in Frage.
Welche Folgen können Sperrzeitüberschreitungen für den Wirt haben?	Die Sperrzeitüberschreitung stellt eine Ordnungswidrigkeit dar, die mit einer Geldbuße geahndet wird. Dauernde Sperrzeitüberschreitungen können sogar zum Entzug der Konzession führen.
Kann auch der Gast bestraft werden?	Ja, mit einer Geldbuße, wenn er der Aufforderung des Wirtes, nach Eintritt der Sperrzeit das Lokal zu verlassen, nicht nachkommt.
Welche 2 Arten von Spielen unterscheidet das Spielrecht (z. B. Gewerbeordnung, Spieleverordnungen)	Man unterscheidet unbedenkliche (= Geschicklichkeitsspiele) und bedenkliche Spiele oder Glücksspiele.
Wodurch unterscheiden sich Preis- und Gewinnspiele? Nennen Sie auch Beispiele!	**Preisspiele:** Dies sind Spiele, bei denen die Spieler nach Auslosung turniermäßig um einen Gewinn spielen. Beispiele: Preisbridge, -schafkopf, -grasoberln, -skat, -billard, -kegeln, -schach, -schießen. **Gewinnspiele:** Bei diesen Spielen spielt der Spieler gegen den Veranstalter um einen Gewinn. Beispiele: Schießen auf Herzscheiben, auf Blumen, Ballone, Bälle, Ball-, Pfeil-, Ringwerfen, lustige Nagelei.
Wie würden Sie unbedenkliche Spiele und Glücksspiele definieren? **– Unbedenkliche Spiele:**	Dies sind Spiele, deren Ausgang neben dem Zufall (= Glück) zum größten Teil von der Geschicklichkeit (= Können) des Spielers abhängt.

Fortsetzung
von Seite 148

– Glücksspiele:	Dies sind Spiele, bei denen die Entscheidung über Gewinn oder Verlust nicht wesentlich von den Kenntnissen, Fähigkeiten und der Aufmerksamkeit des Spielers abhängt, sondern allein oder hauptsächlich vom Zufall.

Welche Glücksspiele sind Ihnen bekannt?

– Kartenspiele:	Bakkarat, Ecarté, Häufeln, 17 + 4, Poker, Mauscheln, Black-Jack, Watten, Meine Tante – deine Tante (= Tempeln), Pharao, Rot und Schwarz, Landsknecht.
– Würfelspiele:	Die böse Drei, Chicago, Pasch, Craps, Elf hoch, Hausnummer, Lustige Sieben, Seven-eleven, Zeppelin, Quinze, Todessprung.
– Andere Glücksspiele:	Bingo, Bild oder Wappen, Lottospiel, Roulette, Wette, Ausspielung.

Wo dürfen unbedenkliche Spiele veranstaltet werden?

In Schank- und Speisewirtschaften, in Beherbergungsbetrieben und auf Volks- und ähnlichen Festen.

Müssen diese Spiele erlaubt werden?

Eine Erlaubnis ist nicht notwendig, wenn der Gewinn in Waren besteht und das Spiel nach den vorgeschriebenen Spielbedingungen veranstaltet wird. Bei den Ausspielungen auf Volksfesten ist die Unbedenklichkeitsbescheinigung des Landeskriminalamtes nicht erforderlich, wenn obige Voraussetzungen erfüllt sind.

Welche Behörde ist für die Erlaubniserteilung zuständig?

Die Gemeinde (Ortspolizeibehörde) oder das Landratsamt.

Was ist bei Glücksspielen verboten/strafbar?	Die öffentliche Veranstaltung ohne behördliche Erlaubnis ist verboten und strafbar (§ 284 StGB: Geldstrafen oder Freiheitsstrafe bis zu 2 Jahren). Als öffentlich veranstaltet gelten auch Glücksspiele in Vereinen oder geschl. Gesellschaften. Das Zurverfügungstellen von Spielgeräten, z. B. Karten, ist ebenfalls verboten und strafbar; ferner die Beteiligung am Glücksspiel und das Dulden von verbotenen Glücksspielen.
Wann ist ein Glücksspiel „erlaubt"?	„Erlaubt" ist ein Glücksspiel, wenn nicht um Vermögenswerte gespielt wird. Dabei ist vom wirtschaftlich schwächsten Spieler auszugehen.
Welche 2 Arten von Spielgeräten (= Spielautomaten) werden nach dem Spielrecht unterschieden?	Nach der Spieleverordnung werden Spielgeräte mit Geldgewinn (= Geldspielgeräte) und Warengewinn (= Warenspielgeräte) unterschieden.
Wo und wie viel dieser Spielgeräte dürfen aufgestellt werden?	Es dürfen höchstens 3 Geld- oder Warenspielautomaten in Bewirtungs-, Unterhaltungs- und Beherbergungsbetrieben sowie in Wettannahmestellen der konzessionierten Buchmacher aufgestellt werden. Für Spielhallen gilt: Je 12 m² Grundfläche 1 Gerät, höchstens 12 Geräte; bei Alkoholausschank höchstens 3 Geräte. Auf Volks- und ähnlichen Festen dürfen Warenspielautomaten schon aufgestellt werden.

Wie ist die Aufstellungsregelung für Unterhaltungsspielgeräte?	Für Spielautomaten ohne Gewinnmöglichkeit gibt es keine Beschränkung; es darf aber der Charakter der konzessionierten Betriebsart nicht verfälscht werden, z. B. Café muss Café bleiben.
Nennen Sie Beispiele für solche Spielgeräte (ohne Gewinnmöglichkeit)!	Billard, Tischfußball, Kicker, Flipper, Dart, Viedeospiele, Snooker, Backgammonautomat, Tischkegeln, Simulatoren.
Wo dürfen Geld- und Warenspielautomaten nicht aufgestellt werden?	Auf Volksfesten u. ä. Veranstaltungen; in Trinkhallen; in Speiseeiswirtschaften; in Milchstuben; in Schank- oder Speisewirtschaften und Beherbergungsbetrieben, die sich auf Sportplätzen, in Sporthallen u. Ä. befinden, in Jugendherbergen, Jugendheimen, Tanzschulen
Wie müssen die Geräte mit Gewinnmöglichkeit beschaffen sein, damit sie aufgestellt werden dürfen?	Der Aufsteller darf nur Spielgeräte aufstellen, an denen das Zulassungszeichen der PTB (= Physikalisch-Technische Bundesanstalt), die Spielregeln und der Gewinnplan sowie die Zulassungsdauer deutlich sichtbar angebracht sind.
Wie muss der Aufstellungsplatz beschaffen sein?	Der Aufstellungsplatz muss so übersichtlich sein, dass er jederzeit unter Kontrolle des Betriebsinhabers oder seines Personals steht (Unbedenklichkeitsbescheinigung von der Gemeinde erforderlich).
Wer hat die Erlaubnis zu beantragen?	Die Erlaubnis ist von dem Gewerbetreibenden zu beantragen, der Spielgeräte aufstellen und betreiben will (allg. Aufstellungskonzession). Wirte, die einem Aufsteller lediglich ihre Räume – sei es auch

Fortsetzung von Seite 151	gegen Entgelt – zur Verfügung stellen, bedürfen keiner Erlaubnis.
Wann wird ein Nebenraum einer Gaststätte zur Spielhalle?	Ein Raum ist dann als Spielhalle zu bewerten, wenn sich aus den Gesamtumständen ergibt, dass der Raum mit einer räumlichen und organisatorischen Eigenständigkeit dem Spielzweck gewidmet ist und die Besucher in erster Linie kommen, um dort an den Geräten zu spielen, nicht aber um in der Gastwirtschaft Speisen und Getränke zu verzehren.
In welchen Gesetzen soll sich derjenige informieren, der sich im Branche Gastronomie verselbständigen will?	Besonders wichtige Rechtsgrundlagen sind die Gewerbeordnung, das Gaststättengesetz, die Gaststättenverordnung des jeweiligen Bundeslandes, spezielle Verordnungen (z. B. Sperrzeitverordnungen), das Bundesbaugesetz, die Baunutzungsverordnung.
Wer betreibt im Sinne dieses Gesetzes ein Gaststättengewerbe?	Derjenige, der im stehenden Gewerbe Getränke zum Verzehr an Ort und Stelle verabreicht (Schankwirtschaft); zubereitete Speisen zum Verzehr an Ort und Stelle verabreicht (Speisewirtschaft); ferner, wer im Reisegewerbe, z. B. Festzelt, Getränke und zubereitete Speisen zum Verzehr an Ort und Stelle verabreicht, wenn der Betrieb für jedermann oder bestimmten Personenkreisen zugänglich ist.
Wie wird die Gaststättenerlaubnis noch bezeichnet?	Konzession.
Wo muss die Konzession beantragt werden?	Zuständige Berhörde ist das Landratsamt (Ordnungsamt, Gewerbeamt).

Erklären Sie folgende Begriffe:

– Stehendes Gewerbe	Ein solches Gewerbe liegt vor, wenn der Betrieb in einer ortsfesten Betriebsstätte, z. B. Gebäude, Stand, Zelt, betrieben wird. Von einem Gewerbe kann man sprechen, wenn die Tätigkeit auf Gewinnerzielung ausgerichet ist und eine Fortsetzungsabsicht besteht.
– Verzehr an Ort und Stelle	Ein solcher Verzehr ist vor allem dann möglich, wenn Sitzgelegenheiten vorhanden sind, z. B. Stühle, Bänke, Hocker.
– Jedermann zugänglich	Wesentliches Merkmal eines gastgewerblichen Betriebes ist es, dass er für jedermann oder bestimmten Personenkreisen zugänglich ist. Unter „bestimmten Personenkreisen" zahlt z. B., dass ein Pub an einem Abend nur für Club-Karteninhaber zugänglich ist.
Eine Personengesellschaft bemüht sich um eine Konzession. Wer wird der Träger?	Als Träger kommt nicht die Gesellschaft als solche, sondern der oder die geschäftsführenden Gesellschafter in Frage.
Wie ist die Regelung bei juristischen Personen und nichtrechtsfähigen Vereinen?	Diese können in ihrer Gessamtheit Erlaubnisinhaber sein.
Warum wird der Zugang zum Gastgewerbe gesetzlich kontrolliert?	**Zum Schutz** der Gäste gegen Ausbeutung, gegen Gefahren für Leben, Gesundheit, Sittlichkeit; der Bevölkerung vor Lärm, Werbetätigkeiten, zur Aufrechterhaltung der öffentlichen Sicherheit; des Personals gegen Gefahren für Leben, Gesundheit und Sittlichkeit.

Welche Voraussetzungen müssen erfüllt sein, damit eine Konzession erteilt werden kann? Geben Sie jeweils eine kurze Erläuterung dazu!	Der Antragsteller muss persönlich zuverlässig (Führungszeugnis), voll geschäftsfähig und wirtschaftlich gesichert sein. Die Räume müssen geeignet sein (sie müssen den feuer- und baupolizeilichen sowie hygienischen Vorschriften entsprechen). Der Bewerber hat einen Unterrichtsnachweis über lebensmittelrechtliche Kenntnisse vorzulegen (von der IHK). Die Berufsausbildung in einem gastgewerblichen Beruf gilt auch als Nachweis. Der Betrieb des Gaststättengewerbes darf nicht dem öffentlichen Interesse entgegenstehen (z. B. keine Diskothek neben Krankenhaus). Die Konzession ist also personen- und objektorientiert.
Wann ist eine Person unzuverlässig?	Persönlich unzuverlässig ist v. a. jemand: der dem Trunk ergeben ist (Trunksucht); der entsprechende Vorstrafen hat, z. B. wegen verbotenem Glücksspiel, Hehlerei, Rauschgilfthandel u. Ä.; der befürchten lässt, dass er Unerfahrene, Leichtsinnige und Willensschwache ausbeuten wird; bei dem Tatsachen die Annahme rechtfertigen, dass er der Unsittlichkeit Vorschub leistet; der dem Alkoholmissbrauch Vorschub leistet (Ausschank an Trunksüchtige und Betrunkene); bei dem anzunehmen ist, dass er wichtige Gesetze, z. B. Lebensmittelrecht, Jugendschutzgesetz usw. nicht einhalten wird; der Steuern und öffentliche Abgaben nicht abführt.

Welche Personalkon-zessionen werden unterschieden? Geben Sie eine kurze Erläuterung!	Es gibt 4 verschiedene Personal-konzessionen: **Dauererlaubnis:** Sie gilt auf Lebens-zeit, d. h. so lange der gastgewerb-liche Betrieb betrieben und die Konzession nicht aberkannt wird. **Vorläufige Erlaubnis:** Sie wird auf Widerruf erteilt und gilt in der Regel für 3 Monate. Sie wird ge-währt, wenn einer einen bestehen-den Betrieb übernehmen will (z. B. als Nachfolgepächter). **Gestattung:** Erlaubnis unter er-leichterten Voraussetzungen, vor-übergehend und auf Widerruf, z. B. Ausschank auf Volksfesten, Waldfesten. **Stellvertretungserlaubnis:** Wenn der Betrieb von einem Stellvertreter geführt wird. Der Betriebsinhaber benötigt aber eine Dauererlaubnis.
Was ist eine Realkonzession?	Die Erlaubnis ist aufgrund alter Rechte mit dem Grundstück verbun-den. Sie erlischt, wenn sie 3 Jahre nicht ausgeübt wurde. Neue Realkon-zessionen werden nicht mehr erteilt.
Welche gastgewerb-lichen Betriebe bedür-fen keiner Konzession?	Wer Milch und ähnliche Erzeug-nisse verabreicht; wer unentgelt-lich Kostproben verabreicht; wer alkoholfreie Getränke verabreicht; Beherbergungsbetriebe (gewerbli-che und Privatvermieter), Stehcafé, Stehimbiss, Party-Service, Verzehr in Kraftfahrzeugen (alkoholfreie Getränke und zubereitete Speisen) anlässlich der Beförderung von Personen; Straußwirtschaften; Betriebskantinen; Vereinsheime (Ausschank in vereinseigenen Räumen nur an Mitglieder).

Welche Unterlagen sind zur Erteilung der Konzession vorzulegen?	Schriftlicher Antrag mit Personalien und Angabe der beabsichtigten Betriebsart, ein persönliches Führungszeugnis, der Unterrichtsnachweis, Lageplan und Baupläne des Betriebes, Miet-, Pachtvertrag. Auszüge aus dem Gewerbezentralregister, dem Schuldnerverzeichnis und dem Insolvenzverzeichnis.
Welche Behörden werden vor der Erteilung der Konzession informiert?	Die Gemeinde, die Baurechtsbehörde, das Gewerbeaufsichtsamt, das Finanzamt, das Jugendamt, evtl. die Kirchengemeinde, die IHK, evtl. der Hotel- und Gaststättenverband, Sozialversicherungen.
Welcher Umfang wird in der Konzession festgelegt?	Die Konzession ist personen-, objekt- und betriebsartbezogen. Es werden also der Konzessionsinhaber, die konzessionierten Räume und die erlaubte Betriebsart genau aufgeführt. Ebenfalls wird der erlaubte Getränkeausschank und die genehmigte Speisenabgabe genau festgelegt. Eventuell auch die Öffnungszeiten und Auflagen.
Wann kann eine Konzession erlöschen?	Bei Verzicht, z. B. Verkauf des Betriebes. Bei Nichtausübung (nach 1 Jahr). Bei Rücknahme wegen ursprünglicher persönlicher Unzuverlässigkeit. Bei Entzug/Widerruf wegen nachträglicher persönlicher Unzuverlässigkeit. Bei Tod des Erlaubnisinhabers (Ehegatte/Kinder können den Betrieb vorerst weiterführen).

Welche Gründe können zum Entzug der Konzession führen?	**Rücknahme**, wenn bekannt wird, dass bei der Erlaubniserteilung Versagungsgründe in der Person des Antragstellers vorlagen, z. B. Zuhälterei **Widerruf**, wenn nachträglich Tatsachen eintreten, die die Versagung der Erlaubnis wegen persönlicher Unzuverlässigkeit rechtfertigen, z. B. illegale Beschäftigung von Ausländern, oftmalige und gravierende Verstöße gegen das Jugendschutzgesetz; erteilte Auflagen werden nicht erfüllt; die Betriebsart hat sich geändert, wobei diese neue nicht genehmigt wird; der Betreiber besitzt für den Stellvertreter keine Stellvertretererlaubnis.
Muss ein Gastwirt auch alkoholfreie Getränke (afG) führen und abgeben?	Ja, ist der Ausschank alkoholischer Getränke erlaubt, so sind auf Verlangen auch afG zum Verzehr an Ort und Stelle zu verabreichen. Es sind mindestens 2 solcher Getränke (nach Wahl des Gastwirtes) anzubieten, wobei Kaffee, Tee, Kakao u. Ä. nicht zu diesen afG zählen.
Wie ist die Preisgestaltung für afG im Bezug auf alkoholische Getränke im Gaststättengesetz geregelt?	Mindestens ein afG darf nicht teurer angeboten werden als das billigste alkoholische Getränk. Der Preisvergleich erfolgt hierbei auch auf der Grundlage des hochgerechneten Preises für einen Liter der betreffenden Getränke.
Kann die zuständige Behörde den Ausschank alkoholischer Getränke vorübergehend verbieten?	Ja, wenn dies zur Aufrechterhaltung der öffentlichen Sicherheit und Ordnung erforderlich ist, z. B. bei großen Sportveranstaltungen, Aufmärschen oder Demonstrationen.

Darf Branntwein durch Automaten verkauft werden?	Nein. Auch nicht überwiegend branntweinhaltige Lebensmittel, z. B. Weinbrandpralinen.
Was hat der Wirt bei betrunkenen Gästen zu beachten?	Er darf an erkennbar Betrunkene keine alkoholischen Getränke verkaufen und muss sich um solche Gäste kümmern, z. B. Taxi rufen.
Welche zivil- und strafrechtlichen Folgen könnten für den Wirt erwachsen, wenn dem betrunkenen Gast auf dem Nachhauseweg etwas zustößt?	Zivilrechtlich kommen die Haftung aus Vertrag oder Schadenersatz wegen unerlaubter Handlung in Betracht (Geldstrafen). Strafrechtlich kann der Wirt wegen fahrlässiger Körperverletzung, z. B. wegen Alkoholvergiftung, wegen unterlassener Hilfeleistung, Aussetzung einer hilflosen Person oder evtl. sogar wegen fahrlässiger Tötung belangt werden.
Was versteht man unter Koppelungsverbot?	Dies besagt, dass das Verabreichen alkoholfreier Getränke von der Bestellung alkoholischer Getränke abhängig zu machen, verboten ist. Ferner ist es verboten, bei Nichtbestellung alkoholischer Getränke die Preise für alkoholfreie zu erhöhen.
Erklären Sie das Trinkzwangverbot!	Im Gastgewerbe ist das Verabreichen von Speisen von der Bestellung von Getränken abhängig zu machen, verboten. Ebenso die Erhöhung der Preise bei Nichtbestellung von Getränken.
Im Gastgewerbe spricht man auch von Haupt- und Nebenbetrieben. Beschreiben Sie beide Arten! **– Hauptbetriebe:** **– Nebenbetriebe:**	Sie werden für unbegrenzte Zeit selbständig und als Haupterwerbsquelle geführt. Solche Betriebe können im Allgemeinen von jedermann geführt werden. Eine Konzession ist in jedem Fall erforderlich. Sie sind nicht die Haupterwerbs-

Fortsetzung von Seite 158	quelle oder werden nicht mit dem Ziel des Erwerbs betrieben. Oftmals ist zum Betreiben eines solchen Betriebes keine Konzession erforderlich.
Was ist unter Beherbergungsbetrieben zu verstehen?	Dies sind Hotels und verwandte Betriebe, bei denen neben der Bewirtung vor allem die Möglichkeit der Übernachtung gegeben ist.
Nennen Sie Haupt- und Nebenbetriebe bezüglich Beherbergung! **– Hauptbetriebe:** **– Nebenbetriebe:**	Hotel, Hotel garni, Appart-Hotel, Kur-/Sporthotel, Motel, Gasthof, Pension. Pensionen unter 8 Betten, Ferien-/ Erholungsheim und Gästehaus (von Großunternehmen).
Worin unterscheiden sich Hotel und Gasthof?	Das Hotel unterscheidet sich v. a. in der Größe (Bettenzahl), der vornehmeren Aufmachung und Einrichtung, dem Vorhandensein von besonderen Räumen (z. B. Fernsehraum, Bar) und im höheren Preis von einem Gasthof.
Wann spricht man von einem Hotel garni?	Hotelbetrieb, der Beherbergung, Frühstück, Getränke und evtl. kleine Speisen anbietet.
Beschreiben Sie ein Motel!	Das Motel (= Motorcar-Hotel) ist durch seine Verkehrslage, Bauart und Einrichtungen besonders auf die Bedürfnisse des Autotourismus ausgerichtet, z. B. spezieller Autoservice.

Nennen Sie Haupt- und Nebenbetriebe im Bereich Bewirtung!	
– Hauptbetriebe:	Gaststätte, Wirtshaus, Kneipe, Restaurant, Eisdiele, Milchbar, Schnellgaststätte, Imbisshalle, Trinkhalle, Garten-Restaurant, Pub, Bistro, Café.
– Nebenbetriebe:	Betriebskantine, Casino, Straußwirtschaft, Probierstube, Cafeteria im Warenhaus.
Beschreiben Sie die Straußwirtschaft!	Dies ist ein saisonaler Winzerausschank (Selbstvermarkter). Auflagen sind z. B. höchstens 40 Sitzplätze, nicht mehr als 12 Wochen im Jahr geöffnet (Aufteilung auf mehrere Termine möglich). Die Verabreichung einfach zubereiteter Speisen, z. B. Schlachtschüssel, ist erlaubt.
Wie werden Straußwirtschaften noch bezeichnet?	Je nach Weinanbaugebiet findet man noch die Bezeichnungen Besen-, Kranz-, Hecken- und Buschenwirtschaft.
Nennen Sie Nebenbetriebe, die von religiösen oder sozialen Vereinigungen unterhalten werden!	Jugendherberge, Gesellenhaus (Kolping), Heime (z. B. Obdachlosenheim), Hospiz.
Was versteht man unter einem Hospiz?	Das Hospiz ist ein Hotel im Besitz einer kirchlichen oder religiösen Organisation (z. B. Kloster, Caritas) und wird im christlichen Sinne geführt, d. h. keine Bar, kein Tanz, keine Musikbox, dagegen aber Hausandachten und sehr ruhige Atmosphäre.
Nennen Sie Unterhaltungsbetriebe!	Nachtlokal, Kabarett, Varieté, Tanzdiele, Bar, Diskothek.

Warum bezeichnet man diese Betriebe als Unterhaltungs-/Vergnügungsbetriebe?	Der Verzehr von Getränken und Speisen ist für den Gast eher Nebensache. Er kommt vor allem, um sich zu unterhalten, zu amüsieren.
In welchem Betrieb werden nur Hausgäste verpflegt?	In einer Pension.